流量是蓝海

流量实战日记与内部产品运营文档开源

毕胜 著

浙江摄影出版社

全国百佳图书出版单位

致亲爱的_____：

感谢您购买我的拙作。

"流量不是红海，流量已经是血海""流量已经枯竭"，这是大家对当前互联网创业流量现状普遍的看法。

而我也曾经受困于此长达一年。

从2017年第四季度开始，我经过几个月对流量的思考，总结出了一些自己的心得。接下来从2018年第二季度开始，我又耗时一年对当前互联网流量进行研究、实验，最终实践的数据表明，其实流量是蓝海。

本书是我运营必要商城及破解流量困局这一年多的实践经验，里边的案例与数据都是亲测有效的。

我从2019年春节开始构思本书，中间请了一个出版机构帮忙，结果发现不如我自己动笔写得真实，于是四周前开始动笔。在撰写本书的过程中，我力求不使用华丽的辞藻，以奉献给广大读者更多的干货。同时，因为我的同事老边曾经是《海底捞你学不会》这本书的出品人，老白曾从事公关行业十余年，我们合作的又是全国百佳图书出版单位和大型高端印刷厂，这让我拥有一个专业的图书整理和出版团队。因此，本书的撰写、审阅基本上都由我们的团队完成。

因为太忙，流量实战部分的几乎全部内容都是我在出租车上、出差等飞机的时候，或者乘机期间，以及凌晨失眠的时候写完的。

在写作过程中，我曾多次发给我的互联网圈内的朋友们，让他们看看是否能看懂我的行文，是否觉得有用，均得到了肯定的回答和赞许。

我也丢给了我太太，我的好基友、音乐家小柯老师，我的羽毛球教练等圈外人。我想，如果他们也能看懂，那说明我当时选择的写作方式是对的，因为我行文的目标就是易懂、易学。

他们也给了我肯定的回答。

朋友们说，老毕，你这写的都是干货，都是你们公司的机密，不怕别人抄吗？我说，我写出来就是想让大家拿去用的，不怕！如果真的对他们有所助益，我也很开心。

也有朋友读完书稿后对我说，老毕，你这本书肯定会大卖特卖，你的小金库一定会非常充盈！我太太甚至都要求我将版税存在她的卡里，避免我私建小金库，但我并不想从这本书上赚钱。

也有人说，老毕，你这书里列了这么多你们必要商城的案例，会不会有广告嫌疑？我回答他说，因为别人的案例我真不知道，我也不懂，只有必要商城的案例才是我亲手打造的——这才叫"亲测有效"。我不能堆一些理论或者假案例来骗读者。而且，我这本书严格意义上来讲其实不叫流量专书，里边很多案例跟流量无关，但却是流量来源的根基。否则，抛开它们再讲理论或者实战，都是无源之水。

本着必要商城所有商品成本定价的原则，这本书的成本组成如下：

柔性印刷费、宣传推广费等共计45元/本，顺丰快递费20元/本，我的思考、写作，里边公开的技术文档等，全部免费。因此，这本书最后定价65元。

如果你打开必要商城APP的时候，发现本书中提到的流量产品没有处于运营状态，则说明这个产品又在升级迭代中。

王阳明先生有诗云："人人自有定盘针，万化根源总在心！"

流量=人心，这是我的流量蓝海观。

2019年5月25日

附言：

您在必要商城APP下单购买本书时的收件人姓名，会被印到书前活页上；每一本书都有作者本人的亲笔签名。本书仅在必要商城上有售，其余渠道均为盗版。

序一　老兵新传奇

几个月前，毕胜告诉我，各类媒体总在约谈必要C2M商业模式是如何成功的，特别是制造业转移、升级和供给侧改革成为热门话题之际。不胜其扰，老毕想写书，他说，要写就要说真话、说有用的话，能真正帮到创业者。约我为书写几句，我了解必要，也对老毕做人做事颇为敬佩，但为书写序还是力有不逮。以为客气说说而已，两周前收到书稿，不得推辞，说说感言吧。

老毕做必要属于创业成功之后的再创业，执着、坚持、有情怀。就像他近年来坚持羽毛球运动，总有一股想办法把发了福的身体逼回青春模样的韧劲，有成效，不仅是他的身体，还有他的必要。

移动互联的兴起和AI的逐步成熟应用，在互联网BAT占据了垄断地位的大背景下，还能做些什么？老兵可以写出怎样的新传？

答案是他的必要。正因为老毕把握了新时代的痛点，也就成就了大家的必要，这个痛点就是客户价值。老毕清楚认识到新消费时代的来临，客户价值就是品质和价格形成的高性价比，让客户分享中国制造进步带来的品质生活。这倒正契合了当下无处不在的"初心"，契合了中国制造成为国家战略的关键时刻，必要也就成了领风气之先的热点。老毕赶趟了。

赶趟应该不是因为老毕学习了，理念也不总是带来商业的成功。从理念到行动，从思考到实践，这是本书里老毕想要和大家分享的，我们偶然的交流中，我时常感受到他的自得和热切，好像一个发现宝藏的孩子，忍不住滔滔不绝。我想他身体里还真流淌着一股青春和善良的劲儿。

作为一个正在创业的企业家，把自己的心得写成书的不多，尤其是把探索迭代过程中获得的Know-how和盘托出的不多。在红海里发现蓝海，娓娓道来一路的过程，有数据有流程，有贴心的AI应用，还有看起来有点高大上的傅立叶变换。在满世界都想成为会飞的猪的年代，看到老毕以年为时间跨度深入工厂车间寻找价值的韧劲，令人敬佩。本想应该在序里做点归纳总结，好在书不厚，絮絮叨叨、朴素平实，读者可以自己方便地阅读，不必由我赘述。

书里说的是秘诀，读到的是知识，可是想要得到却需要用心。正如老毕在书前引用的王阳明的诗话，所见未必所知。格物致知；惟天下之至诚，然后能立天下之大本。有情怀，发大心愿，这实在是我希望从书中获得的感悟和真谛。

"但致良知成德业，漫从故纸费精神"，各行各业的创业者面临的困惑各不相同，书中所言与其说是钥匙，不如说是获取密钥的格局。老毕顺应了时代的变化，在变化中发现了商业机会，走在产业互联网的前列，提高了价值传递效率，是消费者的福音，是制造业的良友。愿老毕的真诚分享和努力对中国新经济的转型升级有积极的意义。

作为投资人，我欣赏、敬佩这样的创业者，当然乐见其成。

希望正处于中国转型大变局时代的新一代创业者把握机遇，正如一家百年中国民族企业描述自己的使命那样，以商业成功推动时代进步。作为投资人，我们愿意成为社会创新的助力者。

吕克俭（招商局创新投资总经理）

序二　毕胜的信任力经济

年初的微信公开课上，张小龙说："如果微信是一个人，它一定是你最好的朋友，你才愿意花那么多时间给它。那么，我怎么舍得在你最好的朋友脸上，贴一个广告呢？你每次见他，都要先看完广告才能揭开广告跟他说话。"

前一阵临近"6·18"，各电商平台都在搞大促，我被这些电商平台弄得有点不胜其扰，在微信朋友圈吐槽了一下各电商APP的开屏广告。这些都是我经常使用的应用，我跟它们见面的次数，远高于我跟最好的朋友见面的次数，但每次和我见面，这些APP的脸上都贴着一张广告，"我很烦它们"，我说。

毕胜回复我的吐槽说，只有必要没有（开屏广告）。他进一步评论道："因为我认为这种开屏广告对用户是非常严重的打扰。有时候大家都做的不一定是对的。"

为什么大家都做开屏广告？因为这种广告带有强制性和独占性，在这个注意力日益稀缺的时代，能卖出好价钱。做开屏广告，可能是任何一个称职的生意人的极其正常的思维。

但就像我之前在一篇文章中曾经说的：

世界并不尽是生意，这一点一个生意人可能很难理解。情人节是有关爱情的，你不能让这个节日堕落成一个男女互相送礼节；妇女节是有关妇女权益的，你不能让这个节日堕落成一个只会买买买的女王节。

《使命和生意》，公众号：keso怎么看

问题在于，大家几乎已经默认，让生意人把世界完全变成生意，是正常的，可接受的，在商言商，不在商也全盘接受言商。不仅开屏广告是正常的，可接受的，短信作为一种通信手段，被商业推广彻底垃圾化，也是正常的，可接受的。垃圾短信不但是一种激活沉默用户的有效手段，也是日常客户关系维护和商业运营的常用操作。

但是5年来，作为必要的用户，我没有收到过一条来自必要的广告短信。

几乎所有被普遍采用的流量手段，毕胜都本能地拒绝，比如搞打折大促，搞会员制。因为在毕胜看来，如果打折才值，说明平时不值，如果会员才值，说明非会员不值。

必要可能是唯一一个自己不搞大促，也不参与别人家大促的电商平台。在必要上，你不用等着"6·18""双11"，什么时候下单都不会亏。你永远都不会有错过今天，还要再等一年的纠结、困惑和迫不及待。

所以，在大家公认注意力已经极度稀缺，流量不仅是红海，简直是血海的当下，毕胜却大谈流量蓝海，确实有点不当家不知柴米贵的隔膜，和饱汉不知饿汉饥的矫情。

但必要5年来的实践又实实在在地证明，毕胜的那一套观念和方法是卓有成效的。

不久前我在必要定制了杯子上印有我头像，一杯只要9.9元的手冲咖啡，我还给这杯咖啡拍照贴到了朋友圈。我晒定制咖啡不只是因为杯子上有我头像，更是因为这杯咖啡确实好喝，杯子上的头像只是给了我晒朋友圈的动机。

对必要来说，我的行为意味着流量，但更意味着人心。

毕胜并不否定注意力经济，他只是觉得，过于偏执地关注注意力，实际上可能忽视了更重要的东西——信任。必要的商业基础是信任，没有用户对必要商品品质、价格和服务的信任，就没有必要。

在这本书里，毕胜首度公开了必要的流量操作的观念和方法，不过我得说，这里的实操经验，只对那些持同样观念的人有效。

你千里迢迢去城市某个犄角旮旯吃一家苍蝇馆子，不是因为它会营销，懂广告，也不是因为它的地段，只是因为那口味让你魂牵梦绕。任何生意，如果提供能让人魂牵梦绕的独特味道，你就拥有了流量蓝海。

用毕胜的话说，流量=人心。

对那些执迷于开屏广告和垃圾短信的人来说，流量真的只有红海，没有蓝海。

Keso（本名洪波，著名独立IT评论人）

序三　互联网世界的裂缝

所有的程序员都有一个梦想：不用出门，不用见人，每天程序自动运行为自己赚钱。

迄今为止，绝大部分的互联网企业都是这个梦想的现实延伸。曾经有人批评互联网企业在创造高额利润的同时，却没有如同传统行业那样解决就业问题。可是，这样的批评对于一群连约会都想用网站来解决的人来说，本身就毫无意义。互联网从诞生之日起就在谋求信息的高度流动和传播，在互联网世界的图景里，一切都是信息和信息的交换。因此，今天人们才会看到历史上所没有的一幕：人一方面是某种互联网产品的使用者，另一方面又被作为互联网产品的一部分加以售卖。换句话来说，用户也是产品。最简单的例子莫过于搜索引擎，你搜索了什么商品名称，这部分数据随即转卖给电商，电商马上向你投放相关商品的广告。你在搜索的时候，你是搜索引擎的使用者；同时，你也是搜索引擎的产品，可以卖给电商平台。在整个过程里，交换和交易的都是信息。你向搜索引擎输入信息，搜索引擎返回你要的检索信息。电商得到了你的搜索信息，通过搜索引擎返回你可能有兴趣的商品信息。人在这个过程里的价值，并不体现在最后的下单，而是体现在可以向网络提供信息，建立信息之间的连接。

传统意义上的生产者—消费者，雇员—客户之间的关系在互联网世界里发生了极大改变。一个微信公众号作者，他同时是微信的用户，又是微信内容生产者，还可能是微信零售渠道，以及微信广告展示渠道。然而，微信并不雇佣他，相反还要向他提供免费服务，因为他创造有价值的信息，并且帮助平台实现信息流动。从这个角度去观察，微博、抖音、陌陌、豆瓣等互联网企业都很类似。它们都真正做到了不用出门，不用见人，每天程序自动运行为自己赚钱。

这里其实一直潜伏着危机。从最浅表的层面上来说，它注定了要求新求快。短短十年之间，互联网用户已经经历过门户时代、WEB 2.0 时代、移动互联网时代，经历过博客潮、微博潮、数字货币潮、O2O潮、增长黑客潮、生物黑客潮等。互联网行业看起来不像是高科技产业，反倒是更像时装行业。新概念、新名词、新产品层出不穷，忽而轰轰烈烈登场，忽而悄无声息谢幕。最终，很少能剩下什么真正有价值的产品和服务。从最深入的层面上来说，它隐而不发着一个底层逻辑：人是作为一种工具，而非服务对象而存在的。网络本来应该服务于人，但是为了追求效率和利润，人从世界的核心位置退下，变成了网络世界的工具。举一个最简单的例子，最近十年互联网最核心的发明创造是通知机制，任何APP都可以向你推送最新通知。它看起来是为了方便你，为了避免你错过最新消息，但实际上推送通知会一次次打断你的工作生活节律，一次次把你粘回APP上。通过通知——阅读——获得新消息，从心理层面控制了用户的心智和行为习惯，让他们养成不断点开新通知的强迫症，于是提升了APP的活跃度和用户黏性。一个正常人晚上10点之后都不会轻易去敲父母家的门，那么，如果真正是为了用户着想，为什么24小时通知都不断呢？用户和APP，谁更需要消息通知？

以人为核心的互联网产品和服务从来不是一件简单的事情。它和所有传统生意一样，要每天出门，要每天见人，更要耗费大量心血维护。类似像美团、滴滴这样的互联网企业，需要一家店一家店去扫，一个人一个人去见，需要许多人在机房外的街道上奔忙，还需要处理十数万人的管理和培训。点一份外卖，叫一辆汽车，这都是生活里极为简单的事情。事实上，在互联网出现之前人们已经有一整套生活方式。互联网企业想要切入，做到比原先更为简单、高效、便利，向人们提供新的生活方式，所需要的不仅仅是资金和技术。

于是，互联网世界里就出现了一条裂缝。在裂缝这一边，是一个完全以信息构筑的独立虚拟世界，它自给自足，自具圆满。典型的例子是Facebook，它和传统的人类社交方式没有任何关系，在见面、打电话、写邮件之外，自行建立了一整套社交系统，人们通过在Facebook发送状态、点赞、转发、回复这样的新动作，在一个封闭体系里完成了完整的社交活动。而在裂缝的另外一边，则是努力让互联网融入日常生产生活，把现实世界和虚拟世界无缝对接起来。在虚拟世界里做出任何动作，在现实世界里会产生相应的结果，于是网络世界变成了人类能力的延伸。如同车辆之于人腿，望远镜之于人眼，不再满足于把现实世界数字化之后上传网络，而是通过网络产生现实世界的改变。就像你在APP里按了几个虚拟按键，看见一辆汽车的图片，而在那图片之后，真实对应着一辆实体汽车和一位实体司机，它们正按照图片上画出来的路线图向你前进。

传统上来说，后者所做的事情有一个专门的说法叫作"脏活累活"。和人打交道，和行业打交道，和具体生产打交道，这都是脏活累活。但是，如果你想要真正服务好一个人，那么就得去做这些脏活累活。毕竟点赞不能当饭吃，转发量也不能披在身上。只是真要那么做，可能需要强大的心理素质，对面前滚滚而来滚滚而去的机会无动于衷，又要有足够的耐心和耐性一点点去试错和创建。在大多数时候，还需要面对非议和误解，相信自己的选择是正确的。尤其是面对挫折和失败，需要有足够的勇气支撑自己和团队继续前进，抵御住走回老路的诱惑。在我所见过的互联网人士中，毕胜是极为罕见的一个，能对脏活累活始终甘之如饴，而且乐此不疲。

早在2013年，我就知道毕胜正驻扎在广东的工厂里，他约我在深圳见面的时候，我大吃一惊。从钱的角度考虑，百度上市之后，他已经获得了财务自由。从事业的角度考虑，他随后切入电商创业，成功卖掉企业上岸。当时，我以为他早已经退休，正在大溪地一类的地方钓鱼晒太阳养老。没想到，出现在我面前的是一条被太阳晒得黝黑的大汉，身穿T恤，背着双肩书包，说是要和我聊聊互联网在工厂里的那些事，说是也不一定必须是我，反正总得找个人聊聊。

毕胜的想法简单而直接，在那时候他就已经发现流量争夺战快到了穷途末路。电商购买的流量转化为购买，随着流量投入的不断提升，最后会吞噬所有利润。毕胜掰着手指给我算账，说这个账无论怎么算也算不平。所以，他掉头离开消费者，跑去找生产商和供应链，觉得互联网这些年一直忽略了传统生产商和制造商。如果能够帮助他们提升生产效能，也许可以从生产—消费的源头上解决问题。但是，他认为自己不懂传统行业，不懂制造业，于是带着牙刷衣裤一头扎进广东的当地企业，连续几个月住在职工宿舍里，每天去观摩和学习别人是怎么做制造业的。然后再慢慢想，互联网能够为他们做点什么。核心的部分别人不让碰，他就从边缘下手，用最简单的贴二维码的方法，帮助别人管理货架和库存，为自己刷信用。

当时我无从判断他的方向是否正确，因为移动互联网热潮还远未退去，大家在忙着做各种APP，希望圈出自己的一个明日帝国。毕胜逆潮流而动，肯定不在风险投资商认定的任何赛道上。而且，传统行业的商人自有一套朴实的逻辑，极难打交道。见面可以，喝酒可以，唱歌可以，打牌可以，没钱不可以，没钱就不要谈合作谈项目。更何况当时互联网人动辄要"颠覆"，要不然就是"重新定义"，别人听了都觉得心里窝火。看你互联网人从半空中降下，说是要"跨界"，说是要"降维"，别人没用弹弓攒射就已经谢天谢地了，遑论其余？所以，我并不看好毕胜的尝试。我相信，他大概用不了多少时间就会撤退，重新回到"主流互联网"的温暖怀抱中来。

六年过去，毕胜没有回来，反而深深扎了进去。再次见到毕胜是在2019年，北京三里屯。人胖了一圈，也白了一层，说是在办公室加班太多，日光灯给漂白了，加上误以为无人值守货架是公司花钱买的，完全免费，所以吃零食无度。这一次他不再是谈构想，而是手里签了上百家制造商。他们都根据毕胜的要求，额外增设了柔性生产线，为用户提供小批量个性化的商品。当初毕胜为生产商管理库存，如今他帮助商家实现零库存。当初毕胜为流量而头疼，如今他找到了自有流量——定制化和个性化产品带来了差异竞争。在网络虚拟世界和现实世界之间，毕胜找到了一条新的通路。这一次，用户用手指点几下，几千千米外的生产线随即运转，按照用户的要求生产哪怕只是一副眼镜、一件T恤，打上他们要的文字或者图案，然后顺丰到家。而不是在几万件批量生产的货品中，因为广告和推荐的缘故选择其一。

这一次，我还是无从判断他的方向是否正确。但我认为毕胜花了六年时间，做了一个有趣的尝试。无论是工业4.0也好，柔性生产线也罢，最近这些年听得头皮发麻，但是真正做出来的人却很少。我想，区别可能在于毕胜做事要比许多互联网从业者慢很多，对传统行业的态度也谦虚很多。在互联网高速变化的时代里，毕胜属于那种变化极慢的人。互联网能够为人们节省时间，节省金钱，但不会节省学习和历练的过程。所谓"互联网思维"成就了一批奶茶和咖啡，那不过是因为生产链条足够短。上千万元的生产线，谁能快速迭代、小步快跑得起来？一刀下去，代价可能是数十万，谁来承担所谓"试错"成本？改变实业，改变制造业，这不过是一句话。对于生产商、制造商而言，那是在他们眼球上雕花。所以，无论毕胜成与不成，别人肯让他在自己眼球上雕花，这是很了不起的一步，背后不知道他为此付出了多少努力和时间。

我也无从判断消费者是否会对这样的努力领情。因为长时间在互联网世界里生存，以免费为由，不断度让自己的权益和地位会成为一种习惯。也许人们已经习惯了这种游戏规则：使用免费产品，然后把自己的信息交出去，再被精准投放广告，用消费补贴免费产品，自己成为互联网产品的一部分。不过，也应该有一部分人清醒地认识到了这一点，将自己置于互联网服务的中心，一切围绕自己的真实需求而来。这样的人对于自我意志的坚持，对于自我品位的追求，远超于普通消费者。对于他们而言，是商品服务于自身，而非自己服务于品牌或者品类。世间需要先有这样的人，才有个人意志，也才有自我选择，也才会有柔性生产的价值和意义。也许这种自我觉醒还为时过早，但人们应该有所选择。

　　旧的互联网世界已经到了需要更新的时候，大部分的产品和服务在今天都疲态尽显。那条存在已久的裂缝正在缓缓扩大，一个互联网和现实世界深度融合的世界正在显露出来。它不仅仅是机器人、无人机和AI，也包括了对于传统制造业的改变，彻底打破两个世界之间的障壁。毕胜所做的事情是其中的一种尝试，预示着某种将来可能的生活方式，你我都可能身处其中的未来。

　　最后，当水下的暗流开始变动时，人们往往最先看到水面的波纹。在互联网的世界里，流量就是这种波纹。因此，毕胜写了这本谈流量的书。希望你能顺着毕胜的指引，目光透过水面，深入水下的激流之中。在那激流深处，有互联网世界的裂缝，光就从那里照进来。

　　　　　　　　　　　　　　　　和菜头（本名和鉴，著名网络写手）

自 序

如今，敢于选择互联网 to C 方向创业的人，都是英雄。

BAT 始创的年代，各种互联网业态几乎是一张白纸，先行创业者收割流量易如反掌。20 年后的今天，如果你要创业，随便想到一个方向，百度一下，都会发现已经有大量先行者。所有从业者开始"谈流量色变"，大家普遍认为，流量已是红海。

的确，百度竞价排名业务刚上线时，内部叫作"10分"业务，连域名都是"shifen.baidu.com"。也就是说，竞价排名的一个点击成本是 1 毛钱。而今天，这个点击成本何止翻了十倍?!

正是因为曾辅佐过百度创始人李彦宏先生，我才有机会体验气势磅礴的大流量玩法①。也正是因为曾经在百度的这段工作经历，让我在流量这个课题上一度非常自负。

2013 年年底决定创办必要商城（以下简称"必要"）时，我想，做好供应链是许多创业者不愿意去做的苦活和累活，我先花几年时间深入制造业，打好供应链这个底盘，再来解决流量问题。反正我曾经是大流量玩法的参与者，流量这个问题对我来说应该不难。

然而，当我花了 5 年时间把必要的供应链体系打造得粗具规模，再回头看流量问题时，我猛然发现这个世界已经完全变了："流量红海问题"似乎已成

---

① 毕胜历任百度总裁助理、市场总监等职务，独创多种营销模式，被业界称为"百度式营销"，仅用 3 年时间就把彼时默默无闻的百度打造成互联网第一品牌，流量稳居亚洲第一。

了一道无解的难题。那一刻，我感觉自己花了5年时间扎根制造业，把中国的高端制造业整合改造后再回来考虑流量这个想法，已经被这个时代给抛弃了。在这5年里，我一直提醒自己不要关心流量，要有战略定力，先把商品品质搞上去，解决中国所有电商没有解决的问题。但是，当我再回头面对流量问题时，已是"入夜渐微凉，繁花落地成霜"般的凉凉。

2017年10月，因为深感被时代抛弃，手握中国最顶级制造生产线资源的我，在流量战场上竟然上天无路，入地无门，陷入了深深的焦虑中。

2018年上半年，我完成了必要的A轮融资。因为有了机构投资人，我在流量增长上的压力陡增。于是，戒烟三年的我开始复吸，体重也直线上升，增重了40多斤。我每天都处于深度焦虑状态，甚至严重失眠，大把大把地吃阿普唑仑片。

从2017年10月到2018年4月，半年时间，我把自己关起来，测算，思考，分析。

必要商城自2015年7月30日正式上线以来，平台自身的成长基本上完全来自用户的口碑传播。有一位粉丝众多的台湾娱乐明星，因为是必要商城的忠实用户，居然成了我的粉丝，几经周折加了我的微信。加上微信后，他对必要商城不吝溢美之词，并且告诉我他也是经朋友推荐，成为必要"铁粉"的。

基于这个特征，我仔细分析了几百万必要用户的社交关系，惊喜地发现他们之间存在比值关系。通过收件地址判定，我发现每个必要的用户，平均都会带来两个好友——这个数据让我感觉找到了救命稻草！

曾经，整合中国顶级制造的使命把我逼到了墙角，我"无处可逃，黑暗中我反反复复找遍每个街角，只为那一根救命稻草"——才女"励志文艺莎"阿悄的歌词特别能反映我当时的心境。我懵懵懂懂意识到，口碑传播这个救命稻草能让我破解流量困局。

2018年4月17日，必要管理层年度述职会上，整个团队因为流量问题情绪低落。会议收尾时，我把所有管理层留下，花了两个小时跟他们讲我做的三页PPT，核心内容是我对流量的理解和理论数据模型的推演。两个小时讲完后，大家都一脸茫然。

不管了，按照我的这个理论先做几个产品，试验起来！

经过一年多时间的试验，按照我的理论最初做的8个产品，对流量的吸引逐渐显效，必要商城新客户的增长达到了同期的10倍以上，而成本却只有同期的1/3！眼前的几亿条数据点燃了我的希望。至此，我坚定地认为，在这个时代，其实流量仍是蓝海。

这本书，是我在跨越不同流量阶段后的思考和实操策略梳理。它的出版，是为了启发更多受困于流量获取和转化的人。

正文即将讲到的流量新玩法，是我在电商领域几度抑郁后，深度思考和实践所得。一个互联网产品，从MRD（Market Requirements Document，市场需求文档，下同）开始，一直到成熟运营，中间需要耗时6个多月。传统思维中，流量是曝光量；新的思维中，流量不再是曝光量，而是人心——人心所向，即是流量。

区别于传统流量模式，这种流量模式更注重数学之美，将用户的心理活动以数学逻辑贯穿，做出用户心理行为分析的数据图，更好地把握用户每一个动作背后的心理变化，最终达成良好的流量获取和转化效果。

从跑马圈地粗放式的流量抓取，到精耕细作的流量获取和维系，用户心理洞察环节在其中变得越发重要。

在零售行业面前，必要商城只是一个五岁的孩子，其他前辈都是几十岁的成年人和几百岁的神仙。必要商城还远未到树碑立传写书的时候，但当我的第二个产品开始起效的时候，我想到我身边的很多人大概也受困于流量。因此，我决定将这些思考和实践写出来，如果有用，也算帮大家一个小忙。如果没用，就拿去垫桌脚。

本书没有记载我们失败过的案例，只把有效的案例分享出来，并将必要商城内部资料MRD直接开源出来，希望能够帮助同行节约流量获取的时间成本和资金成本。

本书内容除了"流量实战日记与内部产品运营文档开源"之外，还收录了我创业5年来每一年的新年内部信。作为一个从业20多年的互联网老兵和中国产业互联网C2M[①]电商平台的实践者和操盘手的点滴思考，见微知著，它们和中国商界一些知名的旁观者（《财经》杂志、艾瑞等）对必要商城成长的记录、思考一起，都是C2M在中国发展历史的一部分，也是中国顶级制造业转型升级历史的一部分。

（必要商城创始人）

---

① Customer to Manufactory 的简称，用户直连工厂。

目录

几个容易掉进去的大误区

本书开始之前，我们先纠正一下几个误区。只有避开这些误区，或者说把涉及这几个误区的底盘打稳，才有资格去面对流量。否则，就会变成Easy come，Easy go。

第一，流量只是所有事情的一个过程值，考虑流量之前，一定要先把你的供应链做扎实。用一句接地气的话来描述："任何不考虑供应链底盘的流量模式，包括所谓的风口和赛道，都是要流氓，都只会昙花一现。"等风停了，摔死的一定是猪。这个底盘，指的是你的商品品质、性价比和服务。

我们用了五年的时间，将必要商城全站商品的用户主动好评率做到了95%（某著名国际大牌手机是93%。必要商城跟所有传统电商平台不一样的是，只有用户主动给了好评才计算在内，而且从不允许诱导用户给好评，全都是自然数据），服务好评率做到了99.6%。我们是如何做到这个数字的？我将在本书中分享给大家。因为正文主要讲流量，所以在前面的章节就不再赘述了。

第二，现在所说的社交电商，根本不是社交电商，只是利用社交渠道（例如微信）卖货而已。如果这些卖货内容充斥微信朋友圈和微信群，我相信微信是会不高兴的。

第三，做电商，不要看GMV（Gross Merchandise Volume，商品成交总额，下同），而是要看LTV（Life Time Value，用户终身价值，下同），以及Cohort（队列数据）的应用。而这个Cohort，是由流量、商品品质、服务以及用户"留量"多种因素组成的。Cohort越优秀，未来GMV越大。真的要提醒所有同行，以及所有的必要合作伙伴，不要看GMV！否则将来会后悔的！

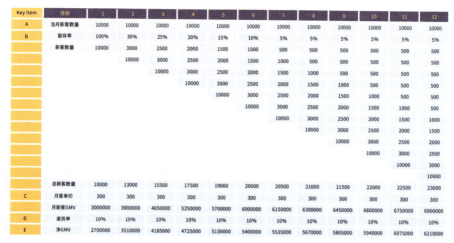

Key Item	月份	1	2	3	4	5	6	7	8	9	10	11	12
A	当月新客数量	10000	10000	10000	10000	10000	10000	10000	10000	10000	10000	10000	10000
B	留存率	100%	30%	25%	20%	15%	10%	5%	5%	5%	5%	5%	5%
	新客数量	10000	3000	2500	2000	1500	1000	500	500	500	500	500	500
			10000	3000	2500	2000	1500	1000	500	500	500	500	500
				10000	3000	2500	2000	1500	1000	500	500	500	500
					10000	3000	2500	2000	1500	1000	500	500	500
						10000	3000	2500	2000	1500	1000	500	500
							10000	3000	2500	2000	1500	1000	500
								10000	3000	2500	2000	1500	1000
									10000	3000	2500	2000	1500
										10000	3000	2500	2000
											10000	3000	2500
												10000	3000
													10000
	总新客数量	10000	13000	15500	17500	19000	20000	20500	21000	21500	22000	22500	23000
C	月客单价	300	300	300	300	300	300	300	300	300	300	300	300
	月新客GMV	3000000	3900000	4650000	5250000	5700000	6000000	6150000	6300000	6450000	6600000	6750000	6900000
D	退货率	10%	10%	10%	10%	10%	10%	10%	10%	10%	10%	10%	10%
E	净GMV	2700000	3510000	4185000	4725000	5130000	5400000	5535000	5670000	5805000	5940000	6075000	6210000

GMV的成因数据图（表格中数字均为假设数据）

第四，互联网人做商品是不靠谱的，一定要尊重专业。现在，必要商城的商品涵盖700个三级品类，能把任何一个品类下的商品做好的人，都是行业专家。

我在跟巴宝莉制造商的老板谈话中了解到，他们分管皮料的负责人蒙着眼睛都能摸出皮子到底是水牛皮还是黄牛皮。国际上对于牛皮分8个等级，普通人根本看不出各个级别的区别，但是价差巨大。

一个互联网公司不可能招到分属700个行业、从业都在20年以上的供应链专家。如果招不到这些专家，那么如何把控产品品质？出问题是早晚的事。因此，我坚信纯互联网公司的人，不可能将商品品质做好。

第五，不要想着去做品牌，我最烦的就是总有人宣称自己做了个什么品牌。关于品牌的定义，在本书中有详细的讲解。正确的定位和表达应该是"我注册了个什么商标"。

好了，开始正文。

第一部分

流量困局

我的职业生涯伴随着百度的成长，从加入李彦宏的创业团队，到百度上市后"退休"，我算是老一代互联网人了，也是老一代的流量玩家，可以说深谙互联网流量获取之道。

然而，进入电商行业埋头深耕几年后，当我带着中国顶级制造业资源重回流量战场，才发现流量的世界早已发生了天翻地覆的变化。

强烈的心理震撼始于我用传统思路做"流量"，代价是交了大量的学费后无果。

我做乐淘网①时，因为和百度的关系，李彦宏特批在百度干净的首页上挂出了乐淘网的广告。那一天导流，使得乐淘网的服务器彻底瘫痪——百度的流量实在大到可怕。

卖掉乐淘网后，我重新创业做必要商城。在埋头深耕五年供应链和服务后，2017年底，我决定重新开始接触流量。自信于曾经对传统流量的熟稔，我以为我可以像在百度时那样，轻易获取几千万流量。我使出浑身解数，结果，用户增长几乎为零。

这使得我之前已痊愈的抑郁症再次复发。

这次发病症状很严重，严重失眠，我要经常去医院看神经科。一到下午，整个人是无力而崩溃的。公司管理层贴心地在公司为我装了一张单人床，让我可以不限于时间，想什么时候睡就能躺下。但我仍然整夜无法入眠，不知道脑子里都在想什么。

磨人的痛苦来源于：我本来认为这片疆场是我的，我能像孙悟空一样，"金猴奋起千钧棒，玉宇澄清万里埃"②。但是，当我把产品基础打好，杀回来的时候，却发现疆场上的人已经不用刀枪棍棒了，都用飞机坦克了。而我的兵器毫无用处，我要这铁棒有何用！失落感瞬间击垮了我。

这时，我开始整理必要商城积累的原始用户群，并通过他们的关系链去思

---

① 2008年5月，作者创办垂直类电商平台乐淘网。

② 原句出自毛泽东《七律·和郭沫若同志》。

考，流量的获取逻辑到底发生了什么变化。

在讲解决方案之前，我们先梳理下"流量思维被困在了哪里"。

流量思维被困在了哪里?

移动互联网时代，流量世界已远非从前。新的战场需要新的战略和战术，而制订新的策略之前，需要首先对当前的流量市场做充分的分析和了解。但可能遗憾的是，当你了解完，你会问：流量蓝海在哪儿？其实，这个问题可以换一个思路问：我们当初的流量思维，到底被困在了哪里？

1.流量被大公司垄断

如今，下载一个新的APP是不是让你有更多心理负担呢？毕竟，手机存储空间有限，我们留下来的APP，相对而言基本都是必需的而且是高频次使用的。

当你购买一部新手机时，你会第一时间下载微信和QQ。而许多APP，你不仅不会下载，还可能在下载使用一次后，立即删除。一些小众、使用低频的APP，你根本不会关注。

APP现在通常被用来"杀时间"，在我们关注时长有限的情况下，越来越多的APP被我们卸载，或被我们分类整理，隐藏在手机文件夹中（每个文件夹有9个APP）。久而久之，可能连你自己都忘了你手机里还有这些隐藏的APP。

一份调查报告称，BAT等五家互联网巨头就掌握了中国80%的线上流量。那么，如果你不是巨头，请问该如何从巨头的流量垄断中破局呢？

2.竞争者蜂拥，抬高流量成本

传统流量不适用于大部分非暴利行业的营销。比如百度上同一个广告位，一个毛利20%的公司和一个毛利80%的公司去买，毛利低的公司肯定吃亏，且广告位的价格会越飙越高。

你的20%毛利会瞬间被飙高的成本吃掉，那么，流量买得越多，赔得越多。几轮竞价下来，胜出者多半是游戏、汽车等高毛利行业。

中国商业竞争生态尤为激烈，赚钱的行业会立刻吸引大批竞争者一拥而上，竞相踩踏，导致红利空间消失。同时，国人版权意识尚未形成，很多模仿型企业也产生了大量吸引力，使得拥有先发优势的公司，注意力也很快被夺走。

竞争者众，往往意味着价高者得，所以流量成本便会水涨船高。

3.互联网人口红利结束

互联网新增用户趋于停滞。2010年，PC互联网的红利已经见顶。当下，移动互联网的人口红利也已经不再。

中国互联网络信息中心提供的数据显示，手机上网用户在2016年已占全部网民的95.1%，这一比值到2017年提升至97.5%。

以微信为例，2012年至2016年，微信用户增长每年都在1.5亿以上，但到了2017年第二季度，这一暴增趋势结束，微信用户增长放缓，QQ用户环比下滑。

据统计，早在2017年8月，全国活跃智能移动设备（包括手机和平板）就已经达到10.8亿，适龄人群几乎全都进入智能移动网络，流量的人口红利几近消失。

显然，中国人口不可能急剧增长了，每年的新生儿数量也开始下降，增量市场一去不返，流量只能从现有的存量市场中挖掘。

能够撼动百度、微信这样海量流量的平台，出现的概率越来越小。如果不能出奇，打破流量的常规玩法，互联网公司之间相互争夺用户，反复博弈，势必造成恶性竞争。

而对用户来说，强大的使用习惯也会让他们更难向新的APP迁移，并且，对于新应用，他们也更加挑剔。

这样的思维下推导出来的结论一定是：流量是红海，甚至是血海！但是，我们不妨把传统流量思路形成的数据结构分析一遍，用简单的数学推理先得出一个模型。我喜欢用数据说话！

流量模型——从漏斗形到梯形

意识到流量世界的变化后，我极力清除掉在百度时期装在脑海里的所有流量思维，我需要找到全新的流量获取方式。

要想破局，必须先要找出"传统流量思维"到底出了什么问题。一句话总结，传统的流量理解方式，是把流量理解成了曝光，曝光量大，流量就大。但，这是错的！我把传统流量做了个定义，叫作"Impression Traffic"（印象流量），这也是我前20年的定势思维。

我打开电脑，开始推演。根据传统流量思维，列出了一个相对严密仔细的流量漏斗公式。但列完这个公式之后我得出的结论是，流量已经是深红海了，且会越来越贵。

流量漏斗模型是这样的：从上至下，开口较宽，收口较窄，开口代表有多少人看到，收口代表收入。

传统广告模式下，第一层就是打广告的意思，这是View，代表有多少人看到。

View的报价叫作CPM（Cost Per Mille，每千人成本）。也就是说，每一千个人看到这条广告需要花多少钱。每家公司的CPM报价不同，以某广告平台为例，CPM价格为4元钱，花100万元，会带来2.5亿次有意识或无意识的浏览。

用户看了广告之后，开始第二个动作，叫作立刻点击。这个转化率是多少呢？通常在万分之一，也就是2.5亿次浏览中，大概有2.5万人点击了你的广告。

点击之后叫作Visit，访客。访客下面叫驻留，再往下叫Bounce（跳出）。

如果访客来了，一看这个网站没意思，就翻页或跳出了，这个Bounce的概率是90%。

再往下一点点漏，5%的购买转化率、95%的支付率等。最后你会发现，你带来的大概只有110多个订单。如果你的客单价在300元左右，产生的交易额就大概在3万多元。

根据电商行业接近25%的退货率，我们再往低了算，按照12%的退货率代入，再算上15%的毛利，实际产生的收入只有4617元。

但实际上你购买流量花了多少钱呢？花了100万元带来了4000多元的收入。所以，这个生意没法做。

以这个逻辑来看，流量绝对是个深红海。

所谓流量红海，用到的就是这个模型。一点点收，变成一个极窄的漏斗·收口，最终带来的客户几乎为零。

那么流量问题怎么才能解决呢？解决方案是，忘了曝光即流量的传统思维，先让朋友成为你的用户，也就是说，成为你的第一批流量。有了这个思维，流量从漏斗形一下子就变成了梯形，但是这个梯形数据结构的形成，需要有个从零破局的过程。

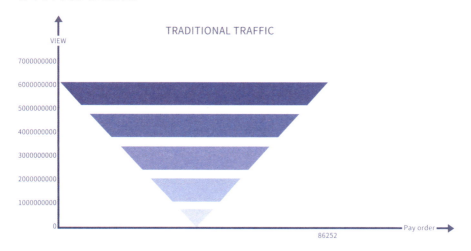

传统印象流量是漏斗形的，开口（代表有多少人看到）较宽，收口（代表收入）较窄

新流量思维是梯形的，靠口碑和信任获取流量

　　上述倒三角图形的得出，是根据实际经验推导所得。而梯形数据的得出，则是这本书的理论推演依据。梯形图的数字只作为趋势参考，不是真实数据。

　　因为得出上述两张图形的Excel分析表太大，不适合在印刷书籍中展现，如果您需要原表，请扫描如下二维码，关注我的公众号，然后输入"流量"，系统会自动把Excel原表发给您。

作者微信公众号

因此，在拆解流量梯形数据模型之前，先要获取"信任"，因为信任是整个梯形数据模型搭建的核心基础。

从零开始，搭建品质信任

本书虽然写的是流量，但是我先要讲商品，因为没有这个章节，以后所讲的流量解决方案以及分析，全都是空中楼阁。如果你为用户提供的商品不能给用户创造价值，那本书对你其实是无用的。因为流量还要包含"留量"，没有"留量"，你多低成本获取的流量都是没用的，而决定流量和"留量"的核心，是你的商品品质、性价比和服务。

接下来，我先分享下在性价比、服务和品质等基础环节，我是怎么做的，为什么花了五年时间。

2013年年底，当我决心要创办必要商城的时候，网购在中国已经很普及了。我想：如果我创办一个新的电商企业，到底能给用户提供什么价值呢？在对数据分析了几个月后，我发现当时国内绝大多数的电商平台给用户提供的价值都是"网上可购物"。但是，假货横行，服务参差不齐，或者"货真价不实"，各种打折活动随时都在进行，先抬价再打折，能把用户绕得晕头转向。用户网上购物，根本无法做到"闭着眼睛买，每单都放心"，消费品质参差不齐。可以说，那个时候真的是"天下苦秦久矣"。在商业利益的驱动下，竟然没有一个平台能给用户提供信任。

所以，当时用户急需一个能"信任"的平台。而这个缺口，正跟我当时准备创办必要商城的初衷一致。同时，又能很好地解决作为一个商业公司的盈利问题。为什么这么说呢？这个均与一个商品的流通环节相关。这个要从我上一次创业讲起。

垂直电商都是骗局

2007年，我放下一切工作照顾病重的父亲，那时候雷军刚从金山CEO的位置上下来，他和我坐在301医院花坛的台阶上，一边抽烟一边聊天。

看我状态低迷，雷军跟我说："你不能闲着，闲着会让人废了。"

他给了我一个建议：做电商。我第一反应却是：这事儿不靠谱。

听完雷军说做电商，我有些蒙。看我迟疑不决，雷军宽慰我："你做不好也做不坏嘛。"

按照雷军的建议，我开始做玩具电商。由于之前在百度的创业经历，我的融资过程非常容易。我连新公司都没注册，投资协议就签好了，合同上甚至这样描述投资标的：毕胜的新项目。

我在对电商什么也不懂的情况下，就开干了。我招来一个技术负责人，但这位技术负责人也没干过电子商务。怎么办呢？

我俩一合计，去了好友陈年那里，拿硬盘Copy走了他们的电商系统。

卖了一年多玩具，有一天，我在家门口看到一个地摊儿正在贩卖周星驰电影《长江七号》中的小外星人，售价2元，我顿时恍惚了。因为我们平台售卖的玩具，都是老老实实购买版权的，同样一只小公仔在我们平台上至少要卖到70—80元。

这时我意识到，玩具电商存在两个巨大的逻辑误区。

首先，盗版玩具在质量上比正版也差不了太多。

其次，买玩具的决策者看似是孩子，实际是父母。父母决策时会考虑正版版权吗？不会，父母一定会考虑低价。因为小孩对玩具的喜爱总是三分钟热度，一般玩两天就腻了。

这两个逻辑就决定了很少有人为正版玩具买单。意识到卖玩具的路子不合消费者心理逻辑后，我当即停掉了玩具业务。

我认为，这个业务从用户心理诉求上说，是一个伪命题。

我瞒着雷军偷偷转了型，从卖玩具转为卖鞋。我那时认为，鞋与玩具相比当然是刚需，每个人都要穿鞋，但并不是每个人上街都要拎个玩具。也就是说，卖鞋比卖玩具有更好的流量基础，使用者的基数更大。

融资不是问题，我的公司很快吸引到了美国的一家著名基金。

但我还是有些恐惧，此前卖玩具时库房里的大堆玩具库存，像压在我心头的石头。为了清除库存，我试图采取一种新的模式——寄售。卖方只负责卖，货物如果寄放在卖方仓库，卖方要收取佣金。

董事会上，我却遭到了指责："你这干的不还是百度的流量分发生意吗？"

我反驳说："可这个生意不好吗？"

投资人说："不行，你作为一个电商，要培养自己的仓库管理能力、物流能力等，你要买自己的货，买库存。"

董事会投票，所有人都投了我的反对票，我只好去买库存。但买多少容易决策，卖多少根本无法预测，库存积压最终把我逼上了绝路。

当时正值垂直电商风起云涌，投资人疯狂追加投资。

他们疯狂到什么程度呢？哪怕我当时创立的乐淘网不盈利，有大量库存积压，投资人依然猛追投资，敲定一笔几千万美元的投资，只需20分钟的会议。

2011年，一位外国投资人来中国，要求看看我的库房。

在此之前，我从来没看过自己的库房。当然，那时我还带有纯互联网人的清高，也有原来做过一次成功创业大公司的傲气，所以不愿意去库房。

我带着投资人到了北京地区的库房，打开库房门的一刹那，看到场面宏大的满仓库货物，我感觉我的心在滴血，因为这些货物对我来说，那就是积压的大把资金。

被震撼到的我，回到公司第一件事就是叫来财务负责人。

我开始虚心向财务负责人请教如何看财务报表，负责人讲解的过程中，寒意逐渐蔓延了我的全身。

基于我对流量的了解，辅以电商的财务报表，我发现一个惊人的事实：做垂直电商永远不会赚钱。

财务负责人点头称是："确实，永远不会赚钱。"

那我到底为什么做电商？这个问题犹如当头棒喝，打得我发蒙。

就像你拿一个铁锹在那里挖水，挖了三年，突然有个老大爷告诉你说：这底下没水！

那一刻我真的快要崩溃了。我抱着最后一丝希望，让财务负责人将财务报表留下，并问他："你是不是算错了？"

我把流量成本代入报表，将数据算来算去，我把自己算得都不自信了。

我更换了一种测算的方式，自己写了程序，来跑报表里的数据，看看是不是负数。结果，跑完程序后的数字，和报表的结果完全一样。

检查了一天程序代码后，我苦笑，难道是我不会经营吗？

于是，我找到其他垂直电商的财务报告，将他们的数据代入后进行计算，发现利润仍然为负。我不甘心，跑去问别的公司的投资人，投资人说："管什么赚钱，先往前跑，圈规模。"

可是，圈来的流量，根本不够覆盖成本啊！

在之后中欧商学院举办的一场活动中，我讲出了我理解的电商流量逻辑。

"一个商品50%的毛利，人员成本占比10%，营销成本占比10%，物流成本占比5%，这时还是正数。但要知道，流量成本是无限大的，假设它为X，实际上减完这个X以后，利润就是负数了。因为这个X的大小，按照上述漏斗推演，远远大于你的剩余毛利。

"按照最好的情况，1000元买来一个客户，如果客单价为200元，这个电商平台就不用干别的了，必死无疑。

"当然，这里面还不包括库存跌存计提，而这个库存，又是个未知数。

"你根本不知道你这些货进来之后你能卖多少，所以，库存虽然在整个公式中是个很小的理论值，但实际是个非常大的数。你用毛利减掉这些东西，总是负值。规模再大，就算人员成本和营运成本摊薄到1%，仍然无法盈利。"

青岛红领总裁张蕴蓝曾对管理咨询专家刘润说过，每销售1件衣服，大概会产生3件库存。所以，你每买1件衣服，等于付了4件衣服的钱。而库存也催生了奥特莱斯、唯品会等的商业模式。

其实3：1库销比已经非常健康了，市场上基本上不存在这个数据。零售的库存问题是传统方式解决不了的，以眼镜为例，它的定价倍率（零售价/出厂价）是30—50倍，这不仅是因为中间环节赚了太多钱，还因为库存问题。

眼镜的镜片都是有备库的，不同的度数要备好。眼镜店通常会备度数最常见的镜片，如果所有近视、远视、老花度数的镜片都备齐的话，就有几十万种组合，那眼镜生产商就死定了。

没想到我在中欧演讲完的第二天，《21世纪经济报道》就报道了我的演讲，将我的"垂直电商是骗局"言论直接引用，称我是"皇帝的新装"故事中那个戳破真相的小孩。

这是2011年的11月，一石激起千层浪，"垂直电商是骗局"的演讲在业界炸了锅。

我清楚地记得，2011年11月21日，是个周一。我一早打开微博，发现居然有14万人@自己，粉丝也剧增了好几万。

回看当年的演讲，其实对我后来创办必要商城最大的警醒作用就是，生意的本质其实就是要赚钱，不赚钱的生意其实就是讲故事，就是泡沫，就是骗局。

现在我把当年的演讲实录附下：

毕胜2011年"垂直电商是骗局"演讲实录

周末的时候，同事问我的演讲题目是什么。我一直在想，我能有什么跟大家一起做分享和沟通的？想来想去，还是讲讲我所身处的这个行业吧。我是做电子商务的，乐淘是卖鞋的，号称是国内最大的。我最近一听到"电子商务"这四个字就感到恶心，为什么恶心呢？我太太也问过我一句，我说恶心的原因是男怕入错行，女怕嫁错郎。我觉得我入错行了，为什么这么说呢？

在做乐淘之前我是做搜索引擎的，刚才周鸿祎一直在提百度，我以前是做百度的。我记得非常清楚，百度170多人的时候，市值就快接近100亿美元了。

那会儿真的是感觉非常爽。原因是什么呢？我们姑且先不去讲社会理想，改变人们的生活方式，原因是觉得170个人去分100亿美元还是比较爽的一件事。从百度"退休"之后我有两年的时间去思考，我下一步做什么。突然有一天，我碰到我生活中的导师，就是非常著名的雷军。雷军说，兄弟你做电子商务吧。我说行，做电子商务。我说卖什么，他说卖玩具，我说反正我没做过电子商务，那我就卖玩具吧。卖了六个月之后，我发现突然有一天我们的一个副总给我们发一个邮件说我们今天的营业额过万，一万元钱我都快哭了。我说六个月之后我终于成了万元户了，其实真的是没有什么意思的一件事情。

为什么呢？我一直希望互联网能够做的事情是，用少数的人，通过一个广阔的平台或者新兴的科技，创造更大的价值。但是当我做了六个月乐淘之后，我发现才卖了一万元钱，刨掉给供应商的货款，我估计剩到手里也就几百元钱，还不够一顿中午饭，好不容易盈利了大家庆祝一下发现亏了。

这个也不是一个笑话。我们同行有一个公司做得很大，我不能提它的名字，上个月它果然盈利了，税前的，然后全公司上千号人出去玩了一下，花了十几万元，回来之后一算亏了。

所以说我今天给大家讲的是，很多人都说电子商务能赚钱，亚马逊花了26亿美元，然后做成了全世界电子商务的鼻祖。上个季度净利润我一看千分之三，还有70%是来自云计算服务，卖货没赚多少钱。所以我先跟大家提个醒，如果大家毕业了，或者已经是公司领导了，想做电商要慎行，三思、四思、五思而后行。

我今天所讲的主要是血的教训。后来我发现卖玩具这个东西是不对的，因为为玩具买单的人和需要的用户不是一个人，买单的是父母，用户需求是孩子，两者不在一个服务界面上，没有办法做。

全公司开始决定转型，要不转型成功，要不就早死了托生。后来大家就开始分析，说从头到脚去分析，发现衣服被凡客做了，凡客又是兄弟公司，我们两家投资公司一样，我跟陈年又住一个院，不能兄弟竞争。往下看说鞋还没人做，于是乎我就做了鞋，怎么做鞋我也不知道，反正觉得这个可以做了。做了之后感觉做对了，我从一天一万元钱变成一天十万元钱，用了三个月；从一天十万元钱到一天一百万元，用了一年。现在我每天的营业额是一百多万元，但是只是营业额。

我给大家拆一下成本，大家听完这个之后都快哭了。我不知道有多少人从事过网购，从网上买过东西，都买过，你们觉得网上的东西便宜吗？很便宜，是不是觉得不打折还不过瘾？其实所有电子商务公司都在割肉，手底下在割肉，脸上在微笑着欢迎大家。我给大家算一下，可以透露几组乐淘的经营数据，乐淘的毛利是30%，大家学MBA知道经营性毛利30%是非常非常高了，乐淘的毛利在整个电子商务行业里不低，应该是偏高的。

第二，乐淘的营业额有多大呢？前两天艾瑞出了一个报告，不算淘宝，乐淘在全中国排第九，在鞋里面排第一，算上淘宝，乐淘在前十，把梦芭莎给挤下去了。我再给大家接着讲，你们希不希望买鞋的时候免物流费？希望，好！我告诉你们，物流占我成本的11%，毛利率剩19%了。营业成本占到我毛利的8%。我再给大家讲退货成本，退货成本占到2%。为什么叫退货成本？大家都是很喜欢网购的，我教给大家一个整死电商的办法，你看上同样一款东西两个网站都有的时候，你选货到付款两个都订，然后哪个先到要哪个，把另一个退回去。

有大批这样的用户，有多大一批呢？乐淘去年卖掉了100万双鞋子，有10万人是干这个事的，这又2%不见了，11%减2%剩9%了。包装成本占1%，一个包装盒要2元钱，多少了？剩8%了，还不算税。去年乐淘的营销成本是多少呢？去年的时候我做了一轮融资，投资方是全世界鼎鼎大名的老虎环球，Tiger Fund，他在中国不投别的，投了京东、当当、卓越、凡客和我，一共投了这5家，全是国内顶级的电子商务公司。老虎环球的投资人问我说，毕胜你的营销成本占比多少，我想了想说占30%。我觉得太高了，投资人却乐了，说太低了，别人都70%。

大家用8%减掉30%剩多少？负22%。所以大家看一下，虽然大家都网购，虽然大家觉得网上的东西很便宜，虽然大家还对电子商务的服务有时候很不满意，但是你发现今年乐淘的营销成本是50%以上。为什么呢？因为广告费高了。百度上的同一个广告位置，全中国做电子商务的没有人能比我拿到的价格更便宜。因为什么呢？百度华北区的销售副总以前是我的秘书，我能拿得贵吗？去年的时候那个位置是35万元一个月，今年年初的时候涨到70万元一个月，大家觉得已经不可行了这个事。然后我就把我以前的同事叫来了，我说不能涨，太贵了，他说你必须得涨，别人都涨了，要不你就参与竞价。我说我去参与竞价，不给面子，我就参与竞价。

参与竞价的第二天下午我就回来了，我说我不参与竞价了。因为什么呢？因为成交价是800万元一个月。同样一个问题，所以大家看到百度的股票猛涨，我也在受益，但是这个生意已经变成一个巨大的红海了，没有办法做了。

大家还没讲到一个问题，说乐淘的毛利是30%，今年是多少呢？我告诉大家今年是17%。为什么这么少呢？是因为当乐淘做了鞋之后，后来出来了七八家做鞋的，两年时间，大家就开始恶性比价。有的人真的是，打比方他是50元钱进的鞋子，就卖30元，赔本赚吆喝。现在中国卖鞋的有多少家呢？据不完全统计，我知道的是不低于10家，每个人都号称自己是最大的，每个人时不时逮着我打一顿，因为逮着我打就能出名，时不时雇人骂我一顿，让我怒从心头起，跟他打一架的时候他就出名了。

所以你还面临巨大的红海的竞争，这个竞争，我前不久跟《21世纪经济报道》的老板吃了个饭，吃饭的时候他表示了很大的羡慕，说你做这么快，涨这么好，今年比去年涨了500%。我很开心地跟他吃了饭，实际上内心在哭，大哥，你这顿买单好不好？其实那顿我想让他买单。因为做电子商务的非常非常地穷，大家也许觉得我说得有点危言耸听，你们都是MBA，肯定关注财经，关注最近的经济大势。2008年的经济危机我觉得是去杠杆化的调控，调控完了之后，今年经济危机实际上就是2008年危机的后果，2008年只不过是一个皮球拍在了水泥地上，快速弹起来了，今年是一个皮球拍在沼泽地上，弹不起来了。

大家看一下我们中国电子商务的鼻祖当当网，看看它上个季度的财报。当当网我记得上市的时候，它做了十年了，一个季度还是一个月我忘了，应该是一个季度，更惨应该是一年，净利润是100万美元，然后上市之后亏了。第二个季度财报亏了，它从10亿美元的市值跌到了4点几亿美元。为什么亏了呢？因为促销。

还有一个电子商务公司叫麦考林，上周五的时候，我跟我们一个董事在一块吃饭。他说我脑子进水了，为什么呢？麦考林上市的时候最高价是18.5元，我作为中国电子商务从业人士，为什么不支持中国电子商务第一股呢？于是乎我就花了一大笔钱，在18元左右的时候买进了麦考林，最近它的股价是1.76元。我开始在跌到6元的时候跟我的理财分析师说，全当价值投资吧，再看半年，结果从6元跌到1元多，亏了非常非常大的一笔钱，我投入大概几百万元去买这个股票，结果就跌成这个样子。

我现在讲完这些之后，大家还会去做电子商务吗？如果有创业机会的话，我相信大家都不去了。因为你仔细分析一下市场就是这样，我把电子商务的投资人形容成是垫砖的，为什么说是垫砖的呢？就好比一个人跳到水池里，水到这开始往下沉，沉到这的时候，一个投资人来投点钱拿砖一垫，浮上来了，还可以喘点气，还可以继续往下沉。第二轮投资垫到这，又往下沉，第三轮投资继续往下沉，什么时候这一轮投资没有了，就直接死掉了。

前两天我们公司一个副总问我，说你最近怎么不发问了，对公司的营业数据不发问了。我说两个原因，第一个原因是整体营业报表还是挺好看的，还在涨，然后营销成本在下滑。我是今年7月份的时候感觉到这个市场不对的，不是一个生意了，所以我砍掉了80%的广告预算，但是在这个情况下乐淘的生意同比还是增长了五六倍，还在涨。第二个是还在亏，我不能去看，我说我在想一个事情，想的是突围，我就在想这两个字："突围"。

其实我相信，我今天跟大家沟通的最重要的其实是这两个字——"突围"。任何一个商业模式，任何一个商业公司的经营都不是一帆风顺的，如果大家哪天听说乐淘从卖玩具卖鞋转型，太快了，鞋类做到市场老大又转型了，大家不要惊讶，因为再不转型我就饿死了。

讲到突围，我脑子里一直在分析，我怎么才能突围，怎么从这个红海中挣扎出去，怎么从泥潭中挣扎出去。我希望跟大家分享的是，如果你已经是公司的老板，或者说已经准备创业成为公司的老板的时候，在你企业碰到最困难的时候，你需要做的就是坚持突围，不要想别的，就是坚持突围，因为没有其他的路可以走。

最近我一直在想两个命题，这两个命题还没有答案，我是希望把这个问题放在这。我的微博叫毕胜，可以关注我，我们可以在微博上互动一下。我在公司内部提出了一个命题，叫作"垂直电子商务是个骗局"，为什么这么说呢？从亚马逊开始一直到国内所有的电子商务公司，没有规模化盈利，对吧？百度每个季度的财报我都会看，每次我看了都想哭，40%的毛利、百分之三十几的净利，没处说理，我觉得这才是互联网时代的商业模式。

第二个我又跟我的同事们提出另外一个话题，叫"电子商务是个生意"，我为什么这么说呢？垂直电子商务是骗局，但是电子和商务拆开就是一个生意，所以大家发现马云赚钱了，因为他只做电子。然后大家看到在互联网上卖货的，在我这卖的奥康，在我这卖的耐克他赚钱了，因为他只做商务。所以垂直电子商务是个骗局，但是电子—商务是一个生意，两盘的生意都很大。我们公司内部做SWOT分析，说我们是电子强还是商务强，发现我是电子强，很悲催。电子很强，但是前面有马云，但是起码找到了一条突围的路。

我今天跟大家分享的突围主要是讲在这么恶劣的环境下，怎么能够寻找自己，找到属于自己的一条路。未来乐淘是向电子方向突围还是向商务方向突围呢？这个还没有定论，我还在思考。那再回到今天讲的这个话题，叫浮躁的电子商务。其实是从2008年开始，2007年我和凡客的陈年有一个对话，因为我们是特别好的兄弟，他那会儿还没有创办凡客。当时做凡客的时候我觉得他能够行，因为他在卓越网做了很多年。

后来他做这事情一年之后，我看着上瘾，也做了一个，我发现我不行。当我觉得我进这个行业真的是很力不从心的时候，我发现后面有一帮比我还不行的人，也跟了进来。去年的10月份到今年的这个时候，差不多一年时间，中国的电子商务网站增加了2.5万家，大家都看到团购说增加了5000家，觉得很恐怖的一个数字，其实电子商务增加了2.5万家。然后更恐怖的是大家什么都想拿来在网上卖，称之为电子商务。曾经有朋友跟我说，他是做家具的，比如床头柜、床、柜子等，他说他也想做电子商务。

我说我问你一个问题，你还做不做我就不知道了。我说新疆的用户在喀什，买了一张2万元钱的床，选择了货到付款，拿到家之后发现不合适，门搬不进去，说七天无条件退换货，我给你退回来，你很开心说终于退回来了。但是运到四川的时候摔了一下，摔坏了，那你2万元钱就没有了。所以这也体现一种浮躁，电子商务物流不规范的时候不能做电子商务，因为物流很恐怖。有个人问我你看刘强东同学的京东自己做物流，大家真的照顾一下京东的生意，他的毛利只有7%。

强东为什么自己做物流，是因为他那个大冰箱如果不自己运，用EMS运一下只赔5%——摔碎了，EMS只赔5%，所以一个2万元钱的东西顶多是赔100元钱。这是我们在行业内叫作货损，在我们财务报表不良的账，叫货损，这个还挺大的。我曾经举过一个例子，乐淘如果说按照正常收退货的话，每年收到的砖头可以垒一面墙。为什么这么说呢？除了买了退的用户之外还有第二类用户，第二类用户是怎么样的？他把鞋拿回去穿了一个月，在质保期内的时候，他说我穿着不合适，我要给你退回来。你要享受三包于是乎退回来，退回来的时候，到库房我们叫作返货入库质检，返向物流。打开之后发现是半块砖头，为什么不放一块呢？因为一块砖头比一双鞋要沉，所以放半块周围还要包点报纸，所以我每年收到很多砖头，这是第一部分。

第二部分还有一个更恐怖的是什么呢？有些用户真的非常好，他会采用在线支付，也不给你做拒收，他会花1000多元钱买一双耐克、乔丹的鞋，穿一个月之后又到质保期，他拿回家把电吹风打到最热的一档开始烤，烤到大概半个小时之后鞋底开胶了，他给你退回来了，说质量不好，开胶了。这种鞋有多少呢？大家可以去我库房看看，大概有2万双，2万双是多少呢？价值大概1000元钱一双，2000万元，一年就这么损失掉了。这个真的不是危言耸听，因为曾经有卖内衣的，内衣穿了不洗，直接退回来的也有。

我们现在面临的商业环境就是这样，但是面临的浮躁又很多。除了卖家具之外，有人说我要卖酒，网上一片鼓掌的声音，说卖酒是个好的商业模式。咱姑且不讲法律允许不允许他在线上卖酒，仍然是物流这个环节不能做，因为你还没运到喀什呢，估计刚到大兴就碎了。除了这个之外还有说我卖钻石，钻石不是碎了，是这个物流员不会回来了，因为物流员一个月工资1000元，一个钻石几万元，他随便当作假牙往嘴里一塞就不回来了。

但是即便是这种情况大家仍然前仆后继地，从去年的这个时候到今年，有2.5万家新的从业者进来，把本来是一个能赚钱的行业，把本来是一个有生意本质的东西，给打成了一片红海，打成了一个让我没有办法回答我投资人问题的一个红海。因为投资人问我一句话，我曾经看到同一款鞋你的竞争对手的比你的便宜。他来问我的时候，我说赔钱是一种经营能力吗？我问他的时候，他也没有办法回答我。但是我的投资人就会这么来问，甚至有周围的用户，我相信你们也会带着同样的问题，说乐淘的鞋不便宜，但是对于我来说赔钱是个能力吗？其实赔钱并不是我的经营能力。我今天把乐淘卖的鞋全改成一元钱的价格，反而你不敢买了，你觉得是假的。

第三个浮躁，带来的是什么呢？其实我也犯了浮躁的毛病，今年上半年我们在定公司经营战略的时候定了一个规则，就是激进。我们一个老美的投资人给我回一个邮件就是两个字，"随便"，然后连名都不写，就给我写两个字，我说那就"随便"吧。当我随便的时候，就是不计成本的投入和快速扩张，不计成本到什么程度？就是所有的人都去疯狂不计成本地要一个广告位，去抢一个价格，所以才能从70万元涨到800万元。所有人都不计成本地把所有的营销模式打回到1999年。我相信在座的年龄不大，那会儿中国互联网刚刚起步的时候，我们坐地铁，那会儿人人都上中国人（社区网站），然后汽车屁股后面背一个亿唐，那会儿有经验的应该记得这件事情。人人都上中国人，对。今年大家又在公交车上看到互联网的广告，因为我是做媒体出身的，我做过一次统计，户外广告已经比以前效果大跌，为什么呢？因为以前没有移动互联网，大家都抬头东张西望，现在你看周围坐地铁的，坐公共汽车的，是不是低着头看手机，大家已经不再看广告了。但广告还在疯狂地砸。一个公交车车身又被逼到了价格跟1999年一样疯狂，公交车买完了，买地铁站，地铁站买完了，包车箱，实在车箱包不了，去中央电视台买黄金广告时段。

大家已经浮躁到这种程度，我曾经也浮躁过，我曾经跟徐静蕾说我投资你的电影，专门卖鞋的。后来想了想太不靠谱。徐静蕾最近和黄立行的一个电影要上映了，类似于财经版的《史密斯夫妇》，我是那个电影最大的内植广告商。后来跟老徐聊了几次，老徐把剧本都给我写好了，说你觉得怎么样，我说挺好，就是太贵了，我自己想了想真是不敢投，因为这个成本不知道什么时候能收回来。我卖一双鞋刨掉我的广告成本，刨掉我的营运成本，刨掉我一系列成本的话，不含广告成本卖一双鞋，我应该有几元钱的利润。

这么浮躁的情况下，我希望在座的大家也好，我的同行也好，能够真正地冷静下来，把所有的事情打回到生意的本质，生意的本质其实就是要赚钱，不赚钱的生意就是故事，就是泡沫，不赚钱的生意在我的眼里是早死早托生。

我今天给大家做一个演讲，不想传递很多假大空的东西，我想传递一些比较真实的东西，能够用数据算出来的，是1减0.8减0点几，等于正0.1，还是1减0.8，最后减5，永远是负数。我相信对大家以后，如果真的经营企业和想涉足电子商务的时候有所帮助，谢谢大家。

我必须做自己擅长的事情

那次"垂直电商是骗局"的报道发出后，我已经开始着手卖掉公司，回收能回收的钱，还给投资人。

后来重新进入电商时，乐淘网的经历让我学会了怎么去敬畏这个行业，即：你是做什么的，就做什么，别认为什么都会，其实你什么都不会。

对搜索引擎玩法门儿清的我，进入一无所知的电商行业，踩了无数的大坑。

我突然发了狠心，我想："我不算笨，怎么可能破不了这个局？"

我开始每天研究零售。中国最大的研究机构之一叫中金，《中金研究季刊》非常厚，一季度出一本大部头季刊，一年四本，我整整看了两年的《中金研究季刊》。

研究结论出乎我的意料，商场里售卖的牌子，有很大一部分品类都仅有微薄的净利润，剩下的全是亏损。

几乎所有的常用品牌的商品售价都是成本的五六倍，也就是说，卖500元的东西，成本也就100元。那么问题来了，为什么卖这么贵还亏损呢？是因为成本很高吗？问题出在哪儿了？——库存！更不用说那些仅有微利的品牌，如果库存的计算方法稍稍一变，也会变成亏损。

线下零售行业原来是个大坑，在线上流量成本奇高的电商行业，赚钱者寥寥也就不奇怪了。

我立刻打电话给一个朋友，他是一家著名奢侈品箱包的制造商，他偷偷告诉我，售价30000元的奢侈品的包，材料成本也就是几百元！而他的利润，也是个位数！后来有一天，《北京商报》的一篇报道说售价几万元的奢侈品成本价格也就400元，也印证了他的说法。

原来整个中国零售，从制造商到品牌商到零售商一直到消费者，都苦兮兮的。

当然，我也弄懂了，电子商务不是卖货，天猫、京东起到的是电子货架的作用。

那为什么天猫、京东不适用于我的"电商骗局"理论呢？他们的流量究竟从哪里来呢？

其实，他们那个年代做电商，占据了先发优势，那时的流量几乎像抢一样，可以以相当低廉的价格获得。

而我刚开始做电商时，阿里巴巴都上市了，京东也已经有了几亿美元的现金储备，这就有了足够多的钱可以让京东不按常理出牌。

作为一个纯互联网出身，又干了五年电商交了几个亿学费的中年人，首先，我必须做自己擅长的事情，我擅长的就是基于互联网的工作。于是，曾经想把菜园子好好整整的想法被瞬间放弃。其次，我必须避免跟80、90后年轻人拼，特别是跟小伙伴们去拼体力，胜算不大。我为自己设定了创业的判断条件：

1. 不是为用户创造独特价值的，不做，否则会陷入同质化竞争。

2. 不具备2年以上的领先性的，不做，否则BAT等几座大山压下来，死相很难看。

3. 不是万亿级市场不做，否则未来没有想象空间。

基于这些先决条件，我发现可做的方向收得越来越窄，最后只落到一个方向：让用户直连制造业的生产线。

得出结论的那一刻我愕然了，因为当年"电商骗局论"就是出自我口。

这个结论太刺激了。

我如果不按常理打，就应该有新的制造模型和流量模式出来。2013年年中，整个C2M模型慢慢在我脑海中浮现出来，通过反向生产，消除库存，通过互联网，短路中间加价环节，让消费者以工厂的价格买到奢侈品品质的产品，这是必要商城C2M模式最初的构想。

尽管新理论还没有开始付诸实践，但现实证明，在我卖掉乐淘网的两年里，当年那些风光无两的垂直电商公司全都死了，一个没落下。

这证明了我"垂直电商骗局"论断的正确。

五年，三步搭建基础信任

我开始意识到，电商的核心不是理念，而是要彻底变革。如果想要盈利，必须打掉库存，打掉一切中间环节，先有订单再生产。

一开始只是有了这个模糊的概念，后来我将它总结为C2M（Customer to Manufactory的简称，用户直连工厂）。

这就像解数学公式，一个函数，所有因素都是变量，这个函数肯定解不开。把最不可控的变量变为定量，也就是库存部分归零，使其变为定量后，这个公式才有可能解开。

我的理论在当时并没有多少人相信，连我太太也不相信。她甚至告诉我："你已经疯了！这样，你退休吧，反正衣食无忧了，顺便可以在家带带孩子。"

我当然不是这样的性格，我非要干出点事来不可。

我决定再次自己投资创业。于是我留给太太100万元生活费，告诉她："剩下的钱全都给我，我接着再干一票，如果我失败了，我们还能保证是个小康生活。"

我终于说服了太太。

然而没想到，对中国制造业的C2M改造，我整整花了五年时间。也正是这五年时间的沉淀，让我能够为用户创造商品上的信任价值——我在五年之后给必要定了一句Slogan：大牌品质，工厂价格。真正把这句话落实，就做到了真正的"性价比信任"。为了做到这一点，我花的时间是五年。也正是这五年，必要商城做到了能让用户以几百元的价格，买到上万元品质的大牌制造商直供的商品。著名媒体人秦朔先生曾经写过一篇关于必要模式的报道，秦朔的同事口头向我转达了著名经济学家吴晓玲的评价：必要推动了制造业的品质升级。

虽甘之如饴，却也诚惶诚恐。改造传统制造业真的是太难了，我还有更长的路要走。

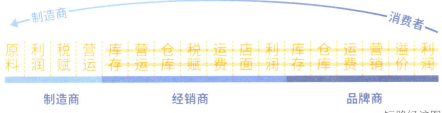

短路经济图

传统制造业的柔性生产线改造，不像我们做互联网的开发一个APP，几个月就能做出雏形来。改造生产线需要的是对整个工业设备的采购、生产控制软件的重新编写、工业技能的重新升级，以及组织管理方式的变革。

以女装为例，原来单款单色，工厂单次开工最低要500件起步。一刀切下去，袖子出来了，一刀切下去，领子出来了。

柔性生产线是什么呢？是一个胖人和瘦人同时下单，你订的黑色服装，我选的白色服装，它们在同一条生产线上生产。

制造黑衣服时，柔性生产线默认用黑色线。而到了白色服装时，黑色线自动被掐断，白色线自动传递过来，进入生产线。改造后的柔性生产线，顶上有一个导轨，上面全是机械手，负责递送制造服装所需的各种原材料。

柔性生产50单就能回本，传统生产不仅会有大量的库存积压，而且需要更多人工，一件衣服从头到尾需要130个人缝制。

重建生产线的困难是什么呢？是没有人建设过柔性生产线，一切都要从头推演。必要的第一条柔性生产线从推演到正式生产，花费了15个月时间。

为了真正和这么多行业无缝对接，用数据驱动制造，必要90%的人员是技术人员，人力成本的95％以上也都是研发投入。只有这么大的技术投入，才能做到"用户需求驱动高端制造"，生产出高品质产品。同时，又因为必要商城采用的C2M模式，真正做到了没有中间商赚差价，才能为用户提供极致性价比和极致服务。这是与用户建立信任的第一步。

为了构建必要商城与用户之间的信任，必要商城还设立了严苛的招商标准体系，严控平台商家的品质。毕竟，用户不会买你的C2M模式和你改造传统制造的技术，用户买的是高品质的商品。

目前，必要商城的招商标准已经从最初的3条扩展到了56条，哪一条满足不了，商家都无法入驻。这只是上线标准。下线标准还有20多条。如果商家触碰其中任何一条，它的产品都必须下线。

此外，必要商城还用三年多的时间，与所有的商家一起，开发并运行了7×24小时客服系统，以充分获得消费者的信任。

如前文所述，必要商品的全平台主动好评率达到95％，远远高于奢侈品的标准。必要的客服好评率，高达99.6％，更是远远高于行业水准。有了极致性价比的商品，有了SVIP级别的服务，就进一步博取了用户信任。

在必要运营的过程中，我发现，传统电商公司所做的一系列"用户忠诚度计划"和运营都是有待商榷的。因为，不是让用户对你忠诚，而是你要对用户忠诚。如果你做了一系列让用户对你"忠诚"的行动计划和运营动作，但是你不好好地把控商品品质和性价比，不给用户做好服务，用户迟早会离你而去。就好比你追求一个姑娘，你要求姑娘对你忠诚，而你却同时追好几个姑娘（商品品质不好，服务差，价格先虚涨再打折），姑娘早晚抛弃你。

关于和用户建立信任感，分享一个必要商城比较变态的处罚案例：必要商城有个合作伙伴，是为希尔顿等多个国际五星级酒店提供床品的制造商。因为用户在必要商城上的订单和五星级酒店的订单是同一条生产线，所以生产线末端发货的时候，商家发货环节出现了一个小失误，把外包装是五星级酒店Logo的床品发给了用户。用户收货后欣喜若狂，因为这套床品在五星级酒店大堂出售的话差不多要上万元，而用户只在必要商城上花了几百元就买到了，他欣喜地晒单到评论区，而这个"异常信息"被必要监察部门通过系统抓取到了，按照规定，这样的事情属于违反客户信任约定的。我们按照规定处罚了商家，罚款80万元，商家不但认真地缴纳了80万元罚款，而且立刻系统地进行内部自查，杜绝这种让用户不信任的情况再次发生。

他们在必要上的商标名叫作M&N，是中国最优秀的家纺制造商之一。听说现在正在筹备上市，这是一家令人尊重的企业。

除了商品性价比和服务，在商品价格上，必要商城对合作伙伴也有严格的要求。上线即是最优价，从来不打折，必要这个策略，一直坚守了五年。甚至有圈内兄弟给我起了个外号叫"毕三毛"，因为他们知道，必要商城上一杯顶级的手冲咖啡，市场价要卖上百元，必要只卖9.9元，只赚三毛钱。

正是对极致性价比、极致服务体验、不掺水的价格等始终如一的坚持和追求，构建起了用户对必要商城的信任。这个信任，构成了本书的基础，否则，一切都是空谈。

而这个信任是如何一步步创造的，我们又是如何一步步用技术推动中国高端制造升级的，今年四月份《财经》杂志封面文章——《改造中国制造》做了详尽的剖析和报道[1]。

【流量实战日记·2016年2月5日】

必要的情怀

临近（2015年）年底，直到昨天，一直忙得抬不起头来的状态才有所缓解。昨天和今天陆续地见了些朋友，这些朋友几乎都是清一色的在两年前觉得必要的想法肯定不能实现的人。直到昨天见面的时候，我发现这些朋友都成了

---

[1]《改造中国制造》一文见本书第三部分"后记——'留量'"。

必要的铁粉，于是大家开始解读必要的商业模式。

有朋友说，必要的模式像极了美国的线下连锁超市——好市多 Costco。我想了想说，像，也不像。Costco 的经营理念是选择市场上最受欢迎的商品，以最低的价格提供给会员高品质的商品，这部分像。但是 Costco 真正的模式是收会员费，别人毛利都很高的时候，它只保持7%的毛利，然后通过会员费获取利润。而必要的模式里，没有会员费。另外，Costco 是采买制，也就是说它有一定的库存风险。虽然它只有 7%的加价，但 Costco 产品的性价比并没有足够好。所以说，必要和 Costco 像的部分是最低的价格，而其他的部分不像。

又有朋友说，你的模式像极了无印良品（MUJI）。我想了想说，像，也不像。无印良品最大的特点之一是极简，它的产品拿掉了商标，只留下必要的设计，去除了一切不必要的加工和颜色，简单到只剩下素材和功能本身。除了店面招牌和纸袋上的标识之外，在所有无印良品商品上，顾客很难找到其品牌标记。必要跟无印良品像的地方是产品的品质都很好，但是无印良品的东西太贵了。同样品质的沙发，必要上卖1000多元，它卖20000多元。所以说，必要和无印良品像的部分，是两者都追求最好的商品品质，其他部分则不像。无印良品也因为高库存和其他产业链低效能的原因，导致了它的高加价。

也有朋友说，你的模式像极了小米。我想了想说，像，也不像。必要和小米像的部分，是两者都追求极高的性价比，以及雷军提出来的新国货理念。两者不像的地方，是必要上的商家不存在库存。另外，小米主要卖的是电子类产品，而必要商城上的品类更丰富。

其实，我不想像谁，也不想把必要商城具象到非得跟谁去类比。因为用户除了关心最好的性价比，具体你是什么模式，或者用什么方法实现的高性价比，用户并不关心。

必要团队的梦想和情怀，就是用自己的努力，把整个零售产业链的效能最大化，去掉所有没有价值的环节，去掉导致零售加价的主要问题——库存，链接中国最顶级的制造资源，为用户提供最高性价比的产品。

通过必要，重新定义零售，让用户拥有前所未有的性价比！

通过必要，让中国顶级制造在全球继续辉煌！

通过必要的技术，让用户能够拥有极致的购买体验（剧透下，必要储备了2年的VR和AR技术，将在春节后2—3季度开始陆续亮相）。

这就是必要的情怀！

2015年，必要总共上线了7个品类，而在2016年第1季度内，必要就发布了6个新品类，真正的新国货——惊艳极致的产品和令人尖叫的价格。

再次分享必要的几个原则：

必要选择合作伙伴的入门标准：必须是该行业全球最顶级的制造商，如果是时尚类产品，必须拥有自己的独立设计，必须按照必要的成本定价法定价，确保产品性价比，建议拥有自己的柔性生产线。

但是，这只是入门标准。

然后还有第二关，就是上架标准：必须通过产品委员会决策。而产品委员会先由用户盲测，非常简单的测法，就是把这个产品送给必要的深度粉丝，问他们，例如这条牛仔裤，是什么什么背景，什么什么设计，什么什么原材料，解决了用户什么什么痛点……然后定价199元，你会毫不犹豫地买吗？如果80%的人都选择Yes，那么，过了产品委员会第一关。然后进入到产品委员会第二关，由必要的员工、律师、行业专家等组成的产品委员会，进行投票，如果票数超过了80%，这才具备了上线标准。

等等，这流程还没结束。第三关，是下架标准，如果这个产品上线一个月内，因质量问题的退货率超过5%，立刻下架，不再回头。

在这条情怀之路上，我们将继续保持战战兢兢、如履薄冰的敬畏之心。感谢必要粉丝们对必要的支持和对身边人的口口相传。现在，终于有必要能让大家拥有高品质的生活了。2016，我们将继续谨慎前行，弥补不足。

感谢您，有必要！

从零开始，从身边人开始传递信任

必要上线试运营的当天晚上，因为我实在没有预算去做广告，于是，我注册了一个实名的微信公众号"毕胜"，写了一篇日记。这是我从互联网圈消失的17个月期间的心路历程，以及我为什么创办必要商城的思考过程。写这篇日记的时候，必要是零用户，我的公众号零粉丝。我写完并推送后，同时将之转到朋友圈，正是因为有了前述的三个信任基础，我才够胆发出这篇公众号文章。

第二天，这篇日记达到9.9万阅读。写了多篇日记后，我的公众号增长了13万粉丝。感谢互联网同行的抬爱。

又过了几个月，必要眼镜品类上线，我又写了一篇日记。虽然文笔拙劣，但这篇日记的阅读量迅速突破了10万+，这也让我发现了零成本的用户增长方法。因为柔性生产线要慢慢地修正升级，用户量也不能增长太快，于是，这个方法，我坚持了整整五年。必要商城有任何对用户有价值的事情，我都会写一篇公众号日记，到今天为止，已经写了十几万字了。

因为朋友的支持，加之朋友和朋友之间对我的信任的传递，有50万人通过这个途径成为必要的第一批种子用户。而我也没有让他们失望，用必要严苛的招商、服务、管控标准和自我严格要求，让这份信任"履约"，让信任传递。

通过这种方法，必要商城实现了零的突破。

【流量实战日记·2015年7月2日】

近视眼之痛：我是如何把数千元顶级近视镜片做到169元的？

此前N年，我都觉得眼镜是一个高大上的光学仪器，当年眼镜腿断了都要拿透明胶缠上几层，坚持一年再说，眼镜片划得跟毛玻璃一样，都不舍得换，因为太贵了。当年李彦宏一个季度才给我1000元奖金，穷得连眼镜都买不起。

去年（2014年）有一天，我和乐居CEO贺寅宇在我家楼下喝咖啡。我跟他讲"必要"的梦想的时候，作为资深近视眼的老贺突然跟我说，老毕，你眼镜品类怎么考虑的？这个行业可是暴利，每年要花几千上万元配眼镜，太贵了，如果你把它革命了，那就牛大了。

2014年4月，上海。法国依视路集团新加坡视悦光学的董事王朝阳跟我喝酒，当时我还没戒烟，抽了他半包中华后，我摘下我的眼镜让王老师验了验成色，这是我花了6000元配的。

王老师拿起来端详了2秒钟就说，你这个镜片不是我们依视路的，看着质量不怎么样。镜框不错，但是镜框加镜片估计成本也就在150元左右吧。我当时就感觉被震惊到了，如果一副眼镜被黑了这么多，那么我前二十年花在眼镜上的费用，岂不是整整被黑走了一辆车？

眼镜为啥这么贵呢？王老师给我算了一笔账：眼镜从零度到1000度，每25度一个梯度，加上左右眼度数不一样，再加上如果有散光（左右眼的散光还不一样，散光也是从零度到1000度，也是25度一个梯度），如果再加上瞳距，再加上有的用户看远近视，看近老花……如此一来，这要储备的镜片库存就是个天文数字了。当然，还要加上线下眼镜店高昂的租金，所以有一种说法，眼镜店一天卖一副眼镜基本上就赚钱了。再加上层层渠道加价，这么一算，一副眼镜不卖几千元，眼镜品牌商饭都吃不起。

于是我跟老王开始兜售美国一家叫作Warby Parker的公司的商业模式，这个号称是2014年比Google还有潜力的公司，以99美元一副眼镜迅速风靡美国。听完我的兜售，老王首先否定了我的推荐，他说他了解Warby Parker，这个公司的产品也是Made in China。当然，镜片用的肯定不如依视路这么好的。其次，Warby Parker还是因为库存困扰，眼镜卖得还是贵啊！老毕，用你必要的C2M平台我们一起做，别说99美元，29美元咱都可以风靡全球！

我跟着老王立刻拿出纸来，列了眼镜的几个痛点：

1.贵。眼镜卖几千元肯定不行，我们要用全球最好的眼镜片技术，每副眼镜只赚3元，做到169元！

2.重。近视用户戴个眼镜，每天负重，一天下来鼻子都是塌的。

3.伤。男人戴眼镜不细致，经常把镜片划得跟蜘蛛网一样。

4.雾。北方人冬天一进暖气房间，立刻蒙上一层雾，弄得跟白内障一样，一直去不掉。我们的眼镜要具备迅速去雾的功能。

5.质。要拉着做奢侈品眼镜架的制造商一起革命，眼镜框至少是奢侈品之一。

上述几条列完了以后，我突然发现眼镜以后不再是高大上的光学设备了，变成了一个配饰，价格不到200元，可以弄个六七副，女孩子可以用来搭配衣服了。

正当我惊喜万分的时候，王老师狡黠地笑了笑：老毕，我手里还有一个更牛的东西，这是依视路集团的专利科技，防蓝光技术。说通俗了，就是防止智能设备伤害，现在的年轻人，低头族每天睡觉都搂着手机，智能屏幕的蓝光，早晚把眼睛弄坏！有了这个技术，不近视的人也可以用了！

不管合作不合作，先给我儿子弄一副，这小东西从一岁起就每天抱着iPad玩，我生怕他眼睛近视了呢！

于是这场革命的种子在那顿酒的时候就种下了。整整一年，老王整合了MIUMIU眼镜框的制造商和设计伙伴，改造柔性生产线。2015年年初，跟依视路老板开会，老头激动地跟王老师说，这个模式太棒了！依视路一年在全球服务12亿人，希望必要能服务全球更多的人！为眼睛健康造福人类！

我没他那么全球化的视野。我如果从今年开始，能让中国近视者的购镜成本变成原来的几十分之一，能让中国低头族的眼睛都得到保护，能开启这场革命的开端，我已然知足！

以信任为基础，变流量的漏斗形为梯形

流量新玩法的第一步，就是要有基础用户，实现从0到1的跨越起步。

实际上，基础用户作为种子用户，也多是高忠诚度的用户。这个数量开口越大，收口才会越大。

当前，必要的高忠诚度用户有500万，那么这500万用户要想达成宽收口结果，你的产品必须要确保品质。这是前提，否则流量理论就是失败的。

恰好，我这几年做的事就是与用户建立信任，所以这500万用户很信任我们。

接下来，正是基于这种信任，很多必要商城的用户会自发成为必要的"宣传队、播种机"，成为优质的广告载体。比如蔡康永是必要的"铁粉"，他向周围的朋友们推荐必要，他的朋友们对他是信任的，那么当他的朋友在必要商城下第一个订单时，买的就是对蔡康永的信任。

为了让被推荐来的新用户第一次下单就足够满意，你需要坚持将每件商品的好评率从92%提到95%的标准。如果你做公众号，你需要让用户在打开你的第一篇文章时，就有较高满足感和满意度，这才能将潜在用户对朋友的信任，转化为对你的信任。

从数学角度分析，将每个用户变为广告载体，他们将产品推荐给新用户，这种传播就会形成前文中提到的一个很壮观的Cohort数据图。

有一定的初始用户，第二个月带来30%的新用户，第三个月是25%，第四个月20%……以此计算，每个月老用户都为我们带来一定转化比例的新用户，加上长时间的累加作用力，那么经过数学计算，这就是一个无限庞大的数目。

一个Cohort数据结构形成之后，再用客单价乘以留存率，你会得到一个惊人的数据。这就不是收口了，而会随着时间延长变得越来越大，甚至无限大。

Key Item	月份	1	2	3	4	5	6	7	8	9	10	11	12
A	当月新客数量	10000	10000	10000	10000	10000	10000	10000	10000	10000	10000	10000	10000
B	留存率	100%	30%	25%	20%	15%	10%	5%	5%	5%	5%	5%	5%
	新客数量	10000	3000	2500	2000	1500	1000	500	500	500	500	500	500
			10000	3000	2500	2000	1500	1000	500	500	500	500	500
				10000	3000	2500	2000	1500	1000	500	500	500	500
					10000	3000	2500	2000	1500	1000	500	500	500
						10000	3000	2500	2000	1500	1000	500	500
							10000	3000	2500	2000	1500	1000	500
								10000	3000	2500	2000	1500	1000
									10000	3000	2500	2000	1500
										10000	3000	2500	2000
											10000	3000	2500
												10000	3000
													10000
	总新客数量	10000	13000	15500	17500	19000	20000	20500	21000	21500	22000	22500	23000
C	月客单价	300	300	300	300	300	300	300	300	300	300	300	300
	月客GMV	3000000	3900000	4650000	5250000	5700000	6000000	6150000	6300000	6450000	6600000	6750000	6900000
D	退货率	10%	10%	10%	10%	10%	10%	10%	10%	10%	10%	10%	10%
E	净GMV	2700000	3510000	4185000	4725000	5130000	5400000	5535000	5670000	5805000	5940000	6075000	6210000

GMV的成因数据图（表格中数字均为假设数据）

如果传统媒介和互联网前半场依旧是注意力经济，那么互联网后半场的模式极有可能变成信任力经济。

正如《连线（Wired）》杂志创始主编凯文·凯利所说，一个创作者，比如艺术家、音乐家、摄影师、工匠、动画师、设计师、作家（也就是任何创作艺术作品的人），只需要获得1000位铁杆粉丝就能维持生活。

也就是说，我们需要建立以信任为导向的流量洼地。通常情况下，我们讲到的爆文引流，引来的是普通流量，因为它不可控，是随机且流动的。

实际上，一个精心策划的营销事件，在社交领域的存活时间也不会超过17个小时。

除非是国家级事件才能一次一次被提及，会让全社会所有人持续性地关注。这类事件是营销无法去做的，因为它的事件属性就决定了常规公司根本无法做到。

那么，如何持续地获取优质流量呢？这就需要我们了解"信任流量"。用户知道你、熟悉你，继而信任你。当他有需求时第一个想到你，这才是信任流量。

这样的流量，1个就抵1000个普通流量。

按照漏斗理论，"广告—转化"形式会漏掉超过90%的流量。砸重金或精心策划引来的几万粉丝，往往一到付费环节，就只有几个能沉淀下来。最后一核算，连成本都不够。

信任流量不是你找用户，而是用户来找你，是自然而然的过程，而非一蹴而就的，你要有耐心等它发酵。

这可能是有史以来你看到的开篇最长的一本书。接下来实战中所讲内容，必须有这些开篇内容作为基础才能一路畅通。整本书的实战案例，我把它归纳总结为如下几个关键词，即流量蓝海的五大核心关键词：有数、有钱、有货、有情、有趣。

我在必要管理层培训会上举过一个例子：你有了一批忠实的兄弟，建立了深厚的感情，你就如同有了一支军队。这些兄弟和你一起打天下，有的兄弟愿意用机关枪，有的愿意用狙击枪，有的习惯用火箭炮。这时候，你就必须把这些"武器"准备好，让他们用起来特别顺手，打起仗来才能事半功倍。而这些武器，正是对用户心理的深入研究。

话不多说，实战开始。

第二部分

流量实战日志

热身运动：有数
——感受流量之美

本节是讲流量理论与实战之前的热身运动。因为不把这个事情先做完，虽然有可能有机会解决流量问题，低成本获取用户，但是，用户会因为你的产品做得不好，丧失仅有的几秒耐心。这里其实就是几句干货，来与大家分享"几要几不要"。

第一，不要做PC站。

PC，这个对于全球互联网产业居功至伟的设备，在移动互联网的今天，对于2C的产品和服务，已经丧失了价值。不是因为别的，就是因为"流量"，因为用户的行为习惯，早已经流到手机上去了，流到APP上去了。2018年年中之前，必要商城是有PC站的，当时预计PC站一年能给必要带来几个亿的交易额，这真的不是一笔小钱。2018年6月份，我把必要的几个合伙人叫到一起，提出了一个大胆的想法：我们停掉PC站，停掉www.biyao.com，前台的产品与技术团队转岗到移动端。

我的理由有几点：

1.PC站点的存在，会导致我们必须有一大批专职的，专注于PC站点的产品与技术团队。现在我们已经想通了流量的策略，移动端缺大批的人手，应该集中优势兵力去打重要的阵地。

2.PC站点因为操作系统、硬件、浏览器等各种原因，账户安全等风控问题一直是个大难题，道高一尺魔高一丈，这又需要一大批团队专注于此。

3.必要商城上的商品全部是BOM①定价方法，商家的利润本来留得就不多，商家在做产品介绍图片时，还得专门做一套PC的图，无意也增加了成本。

①"BOM"是 Bill of Materials 的简称，物料清单，这里指产品成本价格。

停掉PC站后，我们的决策能为商家节省很多成本。

4.我的直觉判断，PC站点停掉后，我们的PC用户不会流失。

5.还要花精力和成本做SEO（搜索引擎优化）和SEM（搜索引擎营销）。其实，早期百度的老同志们每个人都是SEO和SEM的专家。我写过的第一本书是《巧用百度》，是和当时任百度首席产品官的俞军合著的。它是一本工具书，里面详尽地讲述了如何理解搜索引擎的用法和算法。后来市面上出现了一堆提供SEO和SEM服务的公司的招数，基本上都来源于这本书。有机会我可以把《巧用百度》的内容放在我的微信公众号里，免费分享给大家。

我一提出停掉必要PC站点的想法，第一个对我提出反对意见的，是必要商城的技术合伙人王成庆，他也是百度元老。他的理由是，我们这么渴求流量，每天从百度带来的搜索流量不要白不要。你居然还停掉我们10%的自然流量来源。

我的回答是，如果真是必要的用户，属于必要的流量，停了PC站点以后自然会转到移动（手机）上去的。我对我们的商品品质有信心，如果用户想买好东西，只能来必要。另外，百度现在也是移动端流量远远大于PC站了，百度白来的搜索流量，其实不会丢，因为用户的搜索行为不会变。

第二个提出反对意见的，是必要的供应链合伙人成建勇。他的理由是，（PC站）一年几个亿的交易，你居然不要了，你是不是又发疯了?!

其实，他俩的反对都一样：钱钱钱，命相连啊！

我用前些年火爆一时的电视连续剧《亮剑》里孔捷团长的话回复了他俩：不要总担心这些盆盆罐罐的，将来还会回来的。

我说，这样，我们分析一下，PC站点上的用户和必要APP上的用户重合度有多大？如果PC站上的用户，也都在手机APP上使用必要，那么停了PC站，上述"节约成本，专注移动"的策略就立刻实施。果不其然，经过数据分析，必要PC上的用户，90%以上也都是必要APP的用户。

于是，我们毅然决然地在2018年年中停了必要PC端的交易服务功能，只保留商品展示功能。这样，我们就可以专注解决移动端的流量了。

第二，不要把商品照片拍得好看到失真。

商品的图片、视频、介绍等，一定要还原现实。其实这个事情，我还被中国某个著名的投资人批评过。他说，老毕，必要商城上商家的图片拍得逼格不高，这是必要的缺点。

我说我愿意保持这个缺点。我反问他，逼格总共分几级？必要的逼格在第几级？他被我怼得无语。

其实，很多2C的产品，服务都过度了。这个就跟直播网站上的很多漂亮小姐姐一样，用成熟的AI算法，就可以让大家看到视频中的小姐姐白皙的皮肤，水灵灵的大眼睛，五官标致，身材诱人，但是一旦"奔现"[1]，你会发现美丽的小姐姐原来是东施降临人间。

我刚入行电商的时候，曾经有个兄弟网站把衬衫照片的折叠角度都用卡尺量好拍照，结果用户开箱后，因为"对商品不满意"这一条，退货率增加了3倍。

第三，不要每天叫嚷着流量。

其实，很多人都局限于外部获取的流量，而对于自己平台内部的流量挖掘毫不知情。一定要关注好每一簇用户的行为，因为如果你平台的流量规划得不合理，那用户来你平台后真的流失走了，真正地流到一条离开你的大河里，而且是"一条大河，波浪宽"，他应该不会再回来了。

这些用户心理行为形成的数据簇，很容易用程序实现成图形化展现在你面前。每个平台的站内流量形成的图形都不大相同，下面这张图是必要2018年年初的流量图。从这张图中，大家便能一眼感知到数学之美、流量之美。这就是本节说的"有数"部分的一个案例，没有做这部分数据分析的平台，用户首页流走的"访问流失率"可以高达60%以上，而经过一年的数据分析和调优，必要的首页"访问流失率"仅有3%。

———————————
① 网络流行词，指在网络中认识的两个人由虚拟走向现实。

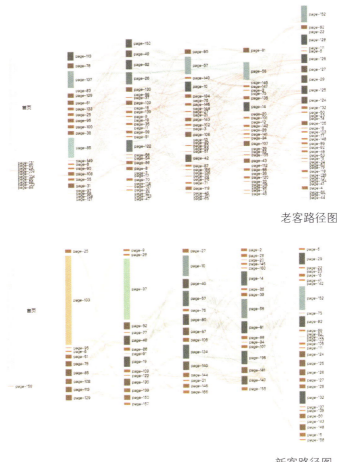

老客路径图

新客路径图

不论怎么优化，以下几点切记：

1.从首页到商品，不要超过两页。因为多一页，70%的用户就走光了。

2.能不让用户点的，千万不要让用户去点，因为多一次点击，70%的用户可能就流失了。

3.能不让用户输入的，千万不要让用户输入，实在要输入的，最好用语音转文字输入。没别的，因为打字好麻烦。

4.电商公司，推广专题千万不要选品！不要选品！因为很简单，你根本选不准。其实，我对传统零售的选品"买手"这个工作的成功率，是有质疑的。

因为一个人的喜好，怎么可能判断准大多数人的需求？为了验证这个质疑，我曾经跟某国际著名运动品牌的老外在十年前打过一个赌。我说我毫无选品经验，你们传统零售有订货会，我参加一季的订货会，我蒙眼乱点，你找你的买手按照常规经验做，过一个季度后看看我俩的选品谁的销售好。结果一个季度出来后，我跟那个专业买手打了个平手。

其实，真正的选品，是基于大数据的选品。举个必要正在做的，今年即将上线的大数据算法选品的简单案例。

在2019年的某个必要的版本，将增加一个LBS（Location Base Service，地理信息服务功能）选品功能。应用场景是这样的：在冬季，必要商城哈尔滨用户打开必要APP，看到的可能是加拿大鹅制造商直供的羽绒服；而必要商城三亚的用户看到的却是NIKE制造商直供的运动短裤；深圳的用户看到的是一把顶级制造商直供的雨伞，因为当时深圳正在下雨。天涯共此时，基于LBS，不同地方的必要用户看到的是不同的推荐商品。

当然，我只是举了一个非常简单的例子。基于大数据的分地域用户需求以驱动制造的系统，是必要的一个专利技术，也是一个非常需要时间打磨的技术。但是，仔细切分的数据，详尽到用户行为追踪的数据分析能力以及简单极致的解决方案，是确保让97%以上用户留下的根本。所以，在讲流量解决方案之前，我先讲了这个热身运动。本节也是流量策略实施的准备工作，因为只有越多的用户"留下"，才能根据新的流量理论，"生出"更多的流量！

做2C端的用户行为研究，这些数据只是冰山一角。如果没有强大的数据分析团队和能力，讲再多流量也没用。

这也是我"五有"关键词里的第一有——"有数"。之所以先讲"有数"，因为全书中的部分流量产品是基于必要的技术专利基础衍生出来的，大家直接借鉴起来不大容易，所以我按照借鉴难度从易到难的顺序分享了必要的案例。

为了做出整个流量产品，必要按照传统电商模式耗时2年搭建的前台和中台的技术架构、模块，后来又全部推翻了。从2018年5月起到2019年5月，基本上从头重新做了一遍，做成了适用于新流量理论的架构和模式。

下一节，将以必要的实战案例讲"五有"中的"有钱"。

【流量实战日记·2016年11月20日】

解密必要商城严苛标准：所有的努力，都是为了把更好的给你

必要的商家选择和管理的标准，我可以自信地说，是全世界电子商务平台中最严格、最苛刻的。

最近，很多必要的粉丝在公众号后台给我留言，问必要是通过什么方法保证产品一直拥有高品质和高性价比的，今天咱就说个透。

严苛标准

首先，必要创建初期，商家入驻标准只有三条：

1.必须是为全球顶级品牌服务的制造商。

2.必须拥有自己的独立设计或者外部优质设计伙伴（必须要尊重版权）。

3.必须认可必要的成本定价原则（BOM定价）。

别看只有简单的三条，我们却花了长达一年多的时间，才找到三家符合条件的合作伙伴。

我们原以为，面对的都是纯粹的制造业，第二条原创设计应该是最难的。事实上，当我们做过一轮挖掘调研之后才发现，这条反而最简单。因为2008年经济危机后，欧洲大部分数十年为顶级品牌服务的设计工作室，都急切盼望着中国公司给活儿干。同时，事实上我们所谓的很多大牌出品，大部分设计都交给工厂做，叫作ODM[①]。

最难的，反而是第一条和第三条。

首先说第一条。中国制造企业有大大小小几百万家，"你怎么知道最好的

---

① Original Design Manufacturer 的简称，意思是"原始设计制造商"。

是谁？在哪儿？你就算是知道了他在哪儿，人家认识你吗？不认识你凭什么跟你合作？人家工厂的门朝哪边开你知道吗？"……

这是我定下必要的三条"入驻标准"后，我的好友音乐家小柯问我的问题。

今年（2016年）初有记者问我："老毕，你的品类为啥规划得那么好，上来就把眼镜这种暴利行业的命给革了？"

"哪儿是规划得好？"我心里说，"当时翻通讯录，就我的好兄弟邱邱的同学是依视路中国制造商的老板，还有巴宝莉鞋子亚洲唯一制造商的老板，也是我朋友的朋友。别把我说得一切都成竹在胸指点江山一样，根本没那回事儿！"

下面说第三条，它比第一条更难。第一条通过社会关系就可以撕开口子，但第三条是要改变这些传统制造商老板的思维方式。

我记得有一位制造业的老板跟我聊天，他说："没错，一个6万元的奢侈品女包，在我们这里生产成本就是600元。他卖6万元，我生产的我卖6000元总可以吧？凭什么按照你必要的定价原则只卖900元还包邮？只有不到30元钱的利润谁干？"这也是为什么整整花了一年多时间，我们才找到志同道合的三个"同志"。

当然，随着必要的知名度越来越大，每周都有几十上百家制造商登门或者发邮件寻求合作。同时，随着我们运营经验的不断丰富，这三条标准已经升级到了几十条，并且每个品类还都不完全一样。必要商品上线前的"合规"标准到底有多复杂？今天，我就拿出部分标准做"部分解密"。

上线要求

产品委员会

上述标准，是商家的商品上线前都必须要满足的。但是满足了这些"入驻标准"，并不代表这个商家就成了必要的合作伙伴，而只是说明它的身份和商品身份已经"合规"。接下来，商家的产品开始进入必要下一步上线前流程——"产品委员会"。

产品委员会制度也是全中国电商平台里唯有必要设立的制度。这里涉及商业机密，没法再深入解密了。总之，通过了产品委员会的审核，商品才能上线。

但是，这时候商家仍然不是必要的"长期合作伙伴"，这个环节走完以后，只说明商品可以上线，至于能待多久，就要看商品的品质和口碑了。

产品生命力管理

商品上了线，也意味着商品正式进入必要的"产品生命力"管理阶段。

作为工业产品，谁也不能保证100%的好，但我敢保证必要平台99%的产品都是最佳品质和最优性价比。另外1%，就需要靠系统算法追踪。这个系统我可以解密其中一条：

"通过必要的后台，当监测到一个商品因'质量问题'产生的退货率超过1%的时候，系统就会立刻报警，同时这个商品就会被下架。"

我之所以有信心说99%，就是因为必要拥有全世界电商平台唯一的"产品生命力"管理系统，可对单一商品做健康度追踪。

而最近我们的工作重心，在于寻找"让用户不满意的那1%"的解决方案。

我们曾经提出一个假设方案：如果用户不满意，也不需退货了，直接让商家送一件新的。但是这个假设瞬间被团队否掉了，团队里有很多多年从事电商工作的同事，同事们说这个会被坏人"钻了空子"。

终于，在上周我们找到了新的系统解决方案，既能让最后1%的用户满意，为真正的必要粉丝服务，也能避免让坏人"钻空子"。

这套系统预计明年（2017年）一季度末上线。这套系统上线，整个必要的"产品生命力"管理系统才真正做完。

我刚做必要的时候，好多朋友都劝我说，"电商没有空间了""用户几乎不存在痛点"。我说，电商用户最大的痛点不是买不到东西，而是买不到放心的东西。我要做一个平台，去为用户创造高品质的生活场景。

按理说，今天的分享涉及很多必要的核心机密。但是我并不担心有人模仿，如果全中国的电商都模仿必要的标准，那对用户才是一件"幸事"。

我们所有的努力，都是为了把更好的给你。

感谢您陪着必要成长，也给了必要的成长很多的宽容。

有钱
——人欲即天理

从 2016 年起，明代著名哲学家王阳明的心学开始在互联网圈流行起来。机缘巧合，早在 2003 年，因为偶然的机会我接触到了王阳明的哲学理论，从《传习录》原著到现今各种版本的王阳明心学解读，我基本上都接触过一遍。

"汝未看此花时，此花与汝同归于寂。汝来看此花时，则此花颜色一时明白起来。便知此花不在汝之心外。"王阳明先生此番"存在即被感知"的话，对我影响很大。良知在于我们的本心，你方能看清事物的本质。

王阳明心学给我最大的启示就是"人欲即天理"，这里说的人欲，在商业上来讲，其实就是消费心理。一句话说明白，就是"货好、便宜、服务好"。

一起拼

为了这个"货好、便宜、服务好"，必要团队花了整整五年时间，创造了全球电商史上最长的时间纪录。因为只有花时间，才能把事情做到极致。关于这些，大部分在前文已经讲过了。补充一个细节，在必要商城上，任何商品的质量差评如果超过 0.75%，也就是千分之七点五，系统就会自动下掉这个商品，直接下线。还有，必要商城所有的商品，价格算法也很简单，就是商品的原材料成本+工人的人工成本+物流费用+商家毛利+必要的扣点。

除了必要商城之外，任何商品出厂价格，不在出厂成本上乘以五，账都算不清楚。其他零售商品的加价倍率基本上是 8—12 倍，奢侈品则是 30—100 倍。而必要商城上的商品，只是出厂成本的 1.8 倍。这是什么概念呢？就是全站商品必要只有平均20元钱左右的毛利润。

尤其是必要商城上的咖啡品类，必要和商家加起来只有六毛钱的毛利。其中，必要只赚三毛钱，因此朋友送给我一个外号叫"毕三毛"。在必要，这样极致的性价比已经持续了五年，而且以后也会继续坚持下去。此外，必要跟其他电商大不一样，从来不做所谓的打折促销活动。这个策略也坚持了五年，以后也会坚持下去。

有了上述持之以恒的策略，必要赢得了几百万老用户的价格信任，我们才能在"有钱"这个策略上做动作。

传统电商的价格出让，一般有三种情况：

1.运营人员根本不懂，老板只知道要营业额，不看报表，比如成本100元售价80元！针对这种情况，我跟一个做传统电商的兄弟开过玩笑，我说，你这不是傻吗？100元进货成本你按80元卖，就是为了一个所谓的"打折节"或者营业数字大。这多麻烦，你直接把100元人民币按80元卖，我相信转化率绝对100%，复购率绝对100%，还没有物流，也不需要客服，用户买了直接转账！第一次他跟我聊这个话题的时候也觉得自己"脑袋进水"了。第二次聊的时候，他就说不了，他说100元进的货，他先标价500元，然后打折到400元。这就是我要说的第二种情况了。

2.先标高价，然后搞个什么节日或者活动再打折。我觉得这对用户就是一种欺骗。不如用最好的性价比一直为用户服务。这是电商打折套路中的常见方式，它的死穴是有一天用户发现了，就会瞬间抛弃你，因为用户根本不信任你。

3.就是真的积压了一堆库存，不得不挥泪大甩卖，这种情况在零售中非常常见。但是很可能会发生这样的情况：用户早晨刚花399元买了你一条牛仔裤，结果下午你给他发个199元大甩卖的短信。用户会立刻选择把早晨买的退了，重新下单。久而久之，用户也就不会信任你了，因为用户心里想的是"你天天这么玩，谁知道你是真挥泪甩卖还是假挥泪甩卖"，用户连199元的也不买了。等到库存积压越来越多，你不得不从挥泪大甩卖到吐血大甩卖，再到跳楼大甩卖，甚至不得不19元一条卖出时，你的进货成本也不得不降至18元一条，以保证你还有1元钱的利润。那样的话，商品质量可想而知。最终，用户依旧会离开你。

上述情况，美国的Costco几十年前就意识到了，所以它要求任何商品的毛利率不能超过14%。必要从第一天起就坚持了这个策略，所以当我们启动"有钱"策略的时候，才有的玩儿。

"有钱"策略，涉及消费心理学，又涉及数学。

2018年4月17日，我跟管理层做完培训后，大家都有点儿蒙。我就说了一句：先别蒙了，你们先学别人做个拼团产品，做了，但是不要上线。

2018年5月17日，经历了四个"997"之后，"必要版拼团"做出来了。然后我说，先不能上线，现在我们分析下必要的用户特征：

1.必要从来不打折，但是今天起，我们再少赚点，把平均20元的毛利让出去，只留2元钱毛利。但是，用户可以选择单独购买，也可以选择拼团。

2.以前必要什么都没有做，必要的用户都是靠口碑传播来的。今天，我们从全站平均毛利中再让出15元毛利，让用户去贡献下他的社交资源，用户肯定愿意，因为我们以前一毛钱都不让，用户也会口口传播必要。这样，我们平均每件商品只赚5元钱（有人可能看到必要有的拼团只降1元钱，原因是这个商品拼团后必要只赚3毛钱）。如果不愿意，用户可以直接购买。

3.必要产品运营负责人蒋小姐（蒋渝滢，必要副总裁）又提了一个新想法，我觉得也是一个重要的"必要本土化"的产品策略：别人的拼团是A用户买商品A1，跟他拼团的B用户也必须买商品A1，但是B用户不一定喜欢A1，我们能不能让B用户在全站任选一个商品跟A用户的A1商品随意组合一起拼？我当时觉得这个想法特别好，对用户心理的揣摩也足够细致！同时她又提出，因为必要口碑好，我们与别的拼团不一样的是，我们只允许老用户用这个功能开团，同时也只允许新用户来拼团。我觉得这个想法很自信，也很好。

于是，就进入了这个产品的开发过程中。

然而没想到的是，蒋小姐的想法虽好，但是实现起来非常非常复杂！懂产品和技术的人看到这个想法应该会明白。

就这样，这个想法从提出 MRD 到上线，整整花了三个多月时间。2018 年 10 月，"必要一起拼"功能模块正式上线，我们在平台上拿出了 1000 个（款）商品支持这项功能。

但是，上线第一天，便被下线了。因为我们发现了一个巨大的漏洞：薅羊毛，这个功能因为考虑得不够细致，上线便被羊毛党盯上了。

说起来很有意思，因为必要上线四年以来，光做极致的性价比了，营销上很少做，所以知名度比较低，这导致各种平台上有不少必要的"黄牛店"，利用信息不对称赚取暴利。"黄牛"从必要上下单买到商品，然后在淘宝上开个"黄牛店"，价格翻一倍再卖给一些不知道必要的人。因为必要的商品性价比实在做到了极致，即便价格翻一倍也有不少人下单。

必要一起拼上线后，这些聪明的"黄牛"发现原来又可以多赚 20 元，于是就拉上亲戚朋友一起上，很多羊毛党一天内几乎买遍了这 1000 个（款）商品。

在"一起拼"功能模块下线后，团队所有成员又进入了风控体系的开发。历时一个月，必要的"一起拼"才于 2018 年 10 月底正式上线。上线当天，在营销成本持平的前提下，必要的新客数量比 2017 年同期翻了 3 倍。

从 2018 年 4 月 17 日提出想法，到 2018 年 10 月"一起拼"1.0 版本正式上线，必要用了六个月，中间跨过了一个巨大的坑。

而从必要 2015 年 7 月正式上线，到 2018 年 10 月实现新客数量暴增，我们花了三年多时间。"一起拼"这个产品的初步成功，并不是这六个月努力的结果，而是必要三年多来的积淀，让用户"信任"，才有了 2018 年 10 月份好看的数据。之所以说是初步成功，是因为接下来，我们又用了六个月时间，做了第二件事。对于这件事，我们内部称之为"贝叶斯定理"。

为可以想象的未来而兴奋

在忙碌的幸福中，我们送走了2016。

在幸福的忙碌中，我们迎来了2017。

记得2016年年中的时候，我们因为必要冲过了日均某个小目标，在走廊里我拿着扩音器跟大家开了个会，然后那个纪录很快就被超越了，但是我们并没有为这个纪录被破而再次开会庆祝，因为我们实在是庆祝不过来了。当然，也没有多余的时间去庆祝。

在第一次开会的时候，我内心就想，什么时候开第二个里程碑的会呢？我想可以到我们的Mile Stone是第一次开会所庆祝的新纪录的十倍的时候，我们继续在走廊里，拿个更大号的扩音器，以我们必要最古朴的方式，再庆祝一次。

那天开完庆祝会，我跟所有副总裁开了一个会。我当时讲了一句话：我们既要看订单，也要看远方。

公司管理层每一周、每个月复盘自己工作的时候，都在基于这个原则做事。其实意思很简单，就是既要脚踏实地，又要仰望星空。这样我们不仅能做好当下，也决不会让我们的理想被遗忘。换句话说，必要决不小富即安、止步不前。

是的，我们创立必要的初衷，绝不仅仅是为了眼前这些交易额，而是为了那个梦。

在逐梦的道路上，有困苦也会有收获，但终归要实现。没错，我们不怕讥讽与嘲笑，我们勇于前行和担当，因为我心里很清楚，我们已经离它愈来愈近！

重要的事情说N遍：

我们的梦想就是，通过必要C2M商业模式重构全球零售业态，为用户创造极致的性价比，在同等花费下大幅提高老百姓的消费质量和生活品质。同时，将购物与我们的黑科技相融合，为用户创造更加极致的购物体验。

事实已经且正在验证必要商业模式的威力：

2016年，我们掀开了全球制造与零售新篇章的扉页，我们正在并将持续改变制造业；

2016年，数百万人的生活品质因为必要得到提升，我们让几百万人体会了好东西可以匹配低价格；

2016年，我们从个位数的品类极速奔跑，初步实现了必要APP的"琳琅满目"；

2016年，我们重燃了数百位即将心灰意冷的中国制造大鳄的信心，让他们重回生产线；

2016年，中国新媒体处处洋溢着"70个人小公司"的诚恳谦和，而正是这家70个人的小公司，在全球率先把先进的AR技术应用到了电子商务领域。

是的，我们有幸就是这家被众多粉丝喜爱的70个人小公司的建设者，我们为拥有这么多甜蜜、忠实、敢言且包容的粉丝深感骄傲。

可是，当冬夜渐暖，抬头看看远方，除了我们最初"让这个世界因为我们发生些改变"的影子渐已清晰之外，我们仍有很多不足。

虽然我们这一年进入了原计划两年才进入的品类，虽然我们定义只做80%的人80%需求的产品，但仍有粉丝觉得必要的品类过少，买买买的时候不过瘾。

好，没问题，我保证未来的三个月在品类丰富性上快马加鞭！

虽然我们快马加鞭把全平台商家的生产周期缩短到了平均20天，比年初提升了一倍，但是仍然有必要粉丝觉得必要商家的生产周期过长。

好，没问题，我保证7—15天的生产周期在未来三个月内达到！

虽然我们投入了巨资，历时半年建设了软硬件齐备且领先的中央客服中心，但是仍有粉丝觉得我们客服小妹声音不甜、业务不熟。

好，没问题，我保证未来六个月我们做到五星级客服。

虽然我们在全球电商领域最早发布了AR技术，让用户和产品能够互动，让虚拟和现实能够结合，但是我们历时半年，仍然没有完成几千款Android机型的测试，致使我们的AR技术只能在iOS系统上跑。

好，没问题，我保证未来三个月我们不但要解决Android系统问题，还要用AR技术真正实现用户对商品的随意改变！我们一定会创造出一种全新的购物模式。

虽然我们技术人员占公司80%以上，但仍然有用户觉得我们APP购物体验不好，没有搜索，等等。

好，没问题，我保证在未来六个月所有购物体验问题会全部解决。

践诺的人一定会有人爱，必要一诺千金。

当2016年的雾霾离我们远去，当2017年的第一缕阳光洒在我的脸上，时间更替，但幸福的忙碌从未停歇。

新的一年，必要还有很多必须要做的事，我们一起完成。

感谢所有同事和你们的家人，感谢所有朋友的眷顾和帮衬，更感谢每一位粉丝每一名用户的认可和疼爱。

最后请允许我再响亮地喊一遍，必要不卖假货，不卖高仿，也永不打折。唯其如此，才有未来。

让我们为可以看见的未来而欢欣鼓舞，为可以见到的未来而兴奋！未来，将有更多的人的生活，因为我们变得更好！

是的，未来已经不是想象，未来已渐清晰。

祝必要所有合作伙伴新年快乐，让我们一起用务实的方法，做理想主义的事！

祝必要所有的用户新年快乐，希望我们的努力，能够为您创造更好的生活！

我有一个梦，在每一个必要人的心底。

你好，2017！你好，世界！

新的一年，我想在公司走廊里举起一个大喇叭：

新年快乐！

贝叶斯定理

"一起拼"功能的上线带来必要新客数量剧增后，必要内部团队终于理解了我2018年4月17日所讲的内容。同事们为了庆祝这个数据，还跑到北京郊区度假村庆祝了一番，但是我没有去。

这就是当老板的难处。一方面，在取得了阶段性的成果后，应该让同事们轻松下；另一方面，又觉得做得还远远不够。我必须在他们庆祝回来前，找到一个新的管理逻辑来让大家继续扬鞭奋进。

在他们出去庆祝的那个周末，我在琢磨一套新的理论。这个理论就是，到底必要每天多少新客，每天多少新客成本的情况下，我的流量理论和策略才是成功了呢？这其实需要对于运营C端平台有严格的经营意识和运营意识。

于是，我根据一套简单的推演算法，给同事们定了一个OKR管理方法。

OKR，是"Objectives and Key Results"的简称，即目标与关键成果法，它是一套明确和跟踪目标及其完成情况的管理工具与方法，由英特尔公司发明。

那么OKR该怎么运用呢？我是这么定义的：

必要每个用户的获取成本为A；

必要获取的用户数量为A1；

必要每个用户的年复购次数为B；

必要用户平均一次复购客单价为C；

必要每一次复购贡献毛利率为D；

假设必要的经营成本为E；

必要想在一年内达到盈亏平衡点，利润为正，必要的利润为F，F必须大于零。也就是说：F=A1×B×C×D−（A×A1）−E。

通过计算发现，要想F大于零，又要保持增长，那么这里最大的核心值是A和A1。而A×A1就是总的营销成本G，要想得到F为正数，必须降低A值，增大A1值。

面对这么一个动态值，我怎么给团队设定OKR呢？我先假设G，总获客成本G为恒定值。如果检测A降低，A1在变大，于是我在内部定了一个OKR，叫作新客指数H。

那么，新客指数的公式是：

H=A1/当日APP新激活数量×1000。经过我的推演，这个指数只有达到某个值R的时候，必要的F才会为正数。而截至2018年10月份，必要的这个值只有30%的R，差得还很远。

而要想提高这个值，必须从用户的所有节点上去提高必要老用户拉新用户的动力，这涉及必要用户的站内行为流量分布数据（前一节讲过），也涉及用户站外行为的流量分布数据。

我向团队成员讲解了这个新客指数的OKR后，我说，我们先要做个推演，哪个环节或者节点才能把最终结果指数H提高到R呢？我交给团队去想，因为我也没有任何解决方案了。团队刚庆祝完以为要得到表扬，结果我当头一棒让他们去测算这个数字，团队一下子蒙了。

一周后，我问团队，测算出来了吗？团队说，根本不知道咋测算啊！我说，我也不知道啊！

又过了一周，我又问团队，测算出来了吗？团队说，根本不知道拿啥算啊。我说，贝叶斯定理了解下？

又过了一周，我问团队，测算出来了吗？团队问我：啥噎死？

我当时决定让负责测算的团队领导直接转岗干别的去了。后来在半年之内，很多人跟不上，陆续换掉了大约几十人。这些同事其实在传统电商产品运营上都很有经验，但是，真的跟不上了。

我找了必要技术团队的数学高手，跟新上任的团队领导一起算。

贝叶斯定理先了解下：

这个定理是18世纪一个叫贝叶斯的英国人发明的，基本公式如下：

$$P(B_i|A) = \frac{P(B_i)P(A|B_i)}{\sum_{j=1}^{n} P(B_j)P(A|B_j)}$$

这个推理公式既是概率学和逻辑学的研究对象，也是心理学的研究对象，但研究的角度是不同的。概率学和逻辑学研究的是客观概率推算的公式或规则，而心理学研究人们主观概率估计的认知加工过程规律。贝叶斯推理的问题是条件概率推理问题，这一领域的探讨对于揭示人们对概率信息的认知加工过程与规律、指导人们进行有效的学习和判断决策都具有十分重要的理论意义和实践意义（摘自百度百科）。

经过一周的测算，团队兴奋地来找我，他们找到了推演中的各种值，也做好了各种运营计划和产品升级计划。大概总共需要配置300人，花6个月时间做完80%的R，其中各种数据还要在实际运营中不断调优。

我答应了。因为毕竟他们所提出的，全部都有科学依据。其中涉及的算法因子太多，我就不一一来拆解了。由于本节的中心思想叫"有钱"，所以我只讲这个跟"钱"相关的因子：哪些因素最终实现后把R值提高了52%，也就是说，到了45%左右的R。

我们分析了必要用户参与一起拼的动力，发现大约有三成以上新用户也愿意发起"一起拼"，贡献了当时必要每日新客（新客，不是新访客，是指第一次在必要消费的用户）的30%。其他的新客，仍然通过口碑直接推荐，这部分属于必要新客的自然增长，因此没有办法去监测来源。

当时我们在考虑整个提升用户意愿概率因子的时候，团队负责人蒋小姐想到了一个点：我们不是还有5元钱毛利吗？如果我们再把这5元钱拿出来，给新用户，让大家限时与"一起拼"叠加使用，这样无外乎给用户另外一层辅助动力，也许愿意发起"一起拼"的新用户比值会提升。

我反问她，那些不到5元钱毛利的商品怎么办？蒋小姐说，我们掏一些市场费用来补贴一下？我怒了，我觉得她真是不当家不知柴米贵。我说，好吧，那新客成本市场部不再背这个KPI了，你来背。她回复了我：不要总操心这些盆盆罐罐的，今天没了很快就会回来的！

于是我们为此把这个数据代入公式，做了个假设，果然演算结果很喜人。

事实证明，这个产品上线后，结果数据比演算的还要好。

在这里，要特别感谢必要团队和我的合作伙伴五年来的坚守。从一开始就让必要上的每件商品上线前，必须经过必要团队之手查验、把关，也感谢必要合作伙伴一起从一开始到现在坚持货真价实。用户知道必要从一开始就没有多少利润空间，当我们再出让平均每单5元的毛利之后，"一起拼"的数据大幅度提升40%以上，成为这个贝叶斯推理函数中的重要因子。

当然，仅仅讲"有钱"这个手段，从企业经营者的角度来说，一定要考虑成本的。这个手段看起来有些粗暴，有点像葛优嘴里的打劫，"就看不上你们这些打劫的，一点技术含量也没有"。

在整个贝叶斯定理推理的过程中，我最喜欢的，也一直沉醉其中研究的，是后边即将讲述的"有货、有情、有趣"这几部分，此三者组成了整个必要增长的核心。接下来的章节，先分享"有货"。

【流量实战日记·2019年1月11日】

我常年吃外卖健康恶化后，做了个决定

2018年1月份，我经常感觉到胃痛，不得不去医院做检查。医生对我实施麻醉之后做了胃镜，发现胃上边有一个小息肉，顺便做了手术取了这个息肉。

因为胃上取样留下伤口，麻醉失效后，我就开始发烧，另外担心这个小息肉是恶性的，一夜也没睡好，高烧不退。

三天后去取结果，医生告诉我有严重的胃溃疡，息肉没事，但是幽门螺旋杆菌非常严重，需要吃半年的胃药，其间不得饮酒。医生严厉地警告我："要想好好活着，不要再吃不干净的外卖了！"

我半年来治胃病，花了上万元，这是非常痛苦的半年，到现在还经常胃动力不足。

后来我统计了下，因为工作很忙，我每周五天工作日，平均吃10次外卖，一年要吃至少400次外卖。

有了这次惨痛的经历后，我把后来的外卖改成了周边的麦当劳，或者比较知名的西贝，或者唐宫海鲜坊，因为起码星级饭店的菜品干净。但是吃了几个月后我发现，我每顿外卖的平均花费超过50元，一年外卖的花费超过2万元。而且，我因为吃麦当劳的次数比较多，体重又增加了快20斤，还有了高血脂。

因为外卖的种种不健康，我萌生了研究餐饮市场的想法，甚至想到能否用工业化生产线做餐饮的方式，由无菌工厂生产，食材全部用可以溯源的健康食材，柔性生产，下单后立刻生产，由顺丰冷链运送到全国，用户收到后放到冰箱里，想吃的时候，微波炉加热下就可以了。干净卫生，如果一顿饭能做到35元以下，对于必要商城的白领一族用户来说，简直是爽歪了。

2018年5月份，我收集资料开始研究，仅仅花了一天，就发现了新大陆。

原来，这是一个成熟的行业。很多星级酒店的餐厅背后，大部分的菜品都是通过工业化生产，后厨加热，拍成精美的照片，然后好几百元一份卖给顾客。这个结论让我异常惊喜，但是，这个行业的成本是多少？能否做到我想的性价比呢？

我花了一周时间，为必要的正餐先定了12条标准：

1 必须是给五星级酒店餐厅做生产的菜品生产商，且有中国饭店协会的认证。

2.必须无人无菌车间。

3.必须不含添加剂、防腐剂。

4.必须用最优质的食材，全部食材可溯源。

5.必须用顺丰冷链包邮直达全国用户。

6.必须柔性生产，下单后生产。

7.必须一次性让用户能够选好一周的菜品。

8.必须由星级大厨打造，确保好吃。

9.必须平均一顿菜品成本不超过30元。

10.必须做到多口味菜品快速增加迭代上线，以满足必要商城全国用户的口味。

11.所有菜品上线前，必要商城全员做到每个菜品都先试吃，只有我们吃过满意，才能给用户。

12.必须微波炉加热后就能开吃。

定了这12条原则后，我跟必要分管供应链的老大建勇说，调出一个人来像当时我们俩开辟必要第一个合作伙伴那样，全国找，通过五星级酒店的关系顺藤摸瓜，找到这些大型的正餐制造商，死磕也要磕下来。一个月后我们复盘，看看我这个想法是否可行。

结果没用一个月，这个项目的负责人蛋牛（Daniel）就告诉我们说，全国前几大正餐制造商全都找到了，而且其中有两个老板本身就是必要的铁粉，觉得这个想法非常赞，他们特别愿意合作。这样除了供五星级酒店外，还能把五星级酒店的菜品直接给用户了，五星级酒店一盘200多元的牛肉粒，算过账，顺丰冷链包邮不到30元一份。

"您这12条，11条都能满足，只是你提的柔性生产，人家得投资买设备改造，至少半年，要不我们这段时间先让同事试吃？"蛋牛说。

嗯，我觉得试吃很重要！看看饭店协会认证的大厨能不能解决"众口难调"。接下来的几个月里，必要12层的办公区进入了菜香四溢的日子。为了试吃，我还专门安排行政部多买了几台微波炉。

几个月下来，参与试吃的同事开始进入了红光满面的阶段，每个人都期盼着是否还有更多产品拿来试吃，我也开始红光满面，看起来老话真有道理：民以食为天。吃舒服了，干活都有劲儿了。

但是试吃过程中我发现了两个问题：

第一个问题，没有主食啊！米饭呢？蛋牛解释说：米饭就是大米和水的混合物，一斤米饭本来没几个钱，您又要求必须顺丰冷链包邮，还得30元以下，加上米饭怎么做？这么好的菜，头天晚上在家焖一锅米饭第二天带着来多好。再说，如果我们上了这个产品，很多人下班后到家不用买菜了，你回家给嫂子十几分钟就能搞出来四菜一汤，五星级大厨水准，你在家里的地位肯定会排在你家狗前边了！

我想想说得有道理啊！

第二个问题是，我是个环保控，每次吃外卖的时候，就会产生一垃圾桶塑料盒子、塑料袋，这个地球早晚会被外卖包装毁掉！咱能不能用金属盒子？这样可以回收！

蛋牛一脸蒙地怼了我一个问题：金属盒子，怎么用微波炉？我竟然无言以对。最后我说出了我经常说的一句话：这个我不管，考验你能力的时候到了。然后他出去了。

又过了一个月，他跟我说，搞定了！我们找到了给全球各大航空公司做铝箔餐盒的制造商，人家有专利，可以金属餐盒直接进烤箱、微波炉，可以跟我们的正餐制造商伙伴联动。

航空涂层铝箔餐盒因其自身的易加热、耐高温烤箱、安全卫生及环保，现已被全球大半的航空公司用作配餐的一次性餐盒。铝箔盒的厚度一般在0.08—0.11mm，餐盒内部为白色或透明的食品级涂层。

上述问题都搞定了，然后进入了漫长的工厂改生产线，系统对接，必要的客服培训，全员继续试吃的几个月。

终于等到今天，必要正餐频道正式上线，初期先上十几个菜品，然后会快速增加！

有货
——自带光环引流能力的品类策略和社交产品的结合

这里所说的货，是需要让用户付费的东西，可能是有形的产品，可能是实物产品（例如必要上的商品），也可能是虚拟产品，例如网络金融、视频、游戏等。

在讲"有货"的流量实战案例之前，我想先修正一个错误的案例观点：

不要陷入自以为是的品牌陷阱。

品牌会带来流量吗？什么叫作品牌？

2013年年底，我开始从商业本质反思，我发现中国市面上绝大多数的"品牌"，不过就是个商标而已。

闭关一段时间后，我见到了相识多年的一个记者。我俩发生过一段对话，对话过程中，我想明白了什么叫作品牌。

记者和我们聊天，讲到品牌时，她说还是相信品牌的力量。我基本同意。

我对她说："中国本土零售基本没有品牌，都是商标，只是有商标和知名商标之间的区别。"

记者不同意，我就问她："你告诉我什么是品牌？"

这句话把她问蒙了。

我告诉她："品牌是个很虚的词儿，你说品牌是有力量的，这是废话。"

记者回答："我确实没有想过这个问题。"

"可你天天拜神，总要知道神是什么。"

记者怼回一句："但我觉得爱马仕就是品牌。"

我紧接着问："你为什么认为爱马仕是品牌？"

"因为爱马仕有很多年的历史。"

"好，没问题，我同意你的观点。那我问你，爱马仕有多少年的历史？"

记者不知道了，只说："它的品牌故事也很吸引人。"

"好，那你讲讲它的品牌故事，不用背下来，讲几个关键词就行。"

记者摇摇头。

我说："我现在告诉你品牌是什么：品牌的第一属性是信任。"

因为信任，你不会担心它的质量问题。

"第二，说句粗俗的，品牌是用来让你装X的。"

人人都有装X需求，买了奢侈品，总会有意无意让它露出。

我再问她："你现在闭上眼睛，想想中国的所谓品牌，包括在央视做过广告、大商场可以见到的所谓品牌，哪些具备信任和装X属性？"

记者想了想，说："没有。"

我又问："你认为爱马仕很时尚吗？"

"对。"

"时尚这个东西见仁见智，如果今天蔡康永围了一个大格子围脖，你觉得很帅很时尚，但是如果我围一个呢？你可能就不这么觉得了。"

这场谈话是有意义的，它直接引发了我的另一个研究。

我把全世界的消费者认为可信任的和能够彰显"逼格"的品牌列出来，从它们的创办时间拉了一个年代轴，做了平均算法，结果发现，品牌的形成平均需要75年。当然，我相信随着时代的发展，以及传播介质的变化，这个时间会被缩短。但是需要多久，我也没经验，我认为至少是20年。中国本土消费品不可能短期内成为真正意义上的品牌。

所以，不论你做的是什么样的"货"，先不要想着做了个品牌，你只是注册了个商标而已。

中国从今天起，开始做品质和性价比造就的信任，采用新的方式，让用户个人的情感与商品产生关联，在中国做品牌会比任何一个其他国家做品牌都快，而且潜力会更大。

此处插入一段给想做品牌的人的忠告：你心里想的品牌，在别人眼里，就是一个奇怪名字的商标。在你心里，它像你的孩子，已经名扬天下的，但在别人眼里，就像坐地铁擦肩而过的人一样陌生。采用传统方式命名你的品牌，真的需要几十年的发展时间，但是有个新方法，就是联名，因为在用户心目中，他自己的名字，才是在他心里名扬天下的，"吾心自有光明月，千古团圆永无缺"。假如你的商标叫A，用户的名字是B，那么，在你的商品包装、印刷，甚至衣服的标签、Logo上，显示的名字是"B+A"，那么你做成品牌的时间将会大大缩短，在用户收货的那一刻，你已经是他心目中的品牌，Empower！

这个在下一节"有情"中将和大家分享，回到正题。

如果作为一个新生商品，当然是没有任何品牌属性的。也就是说，不具备知名品牌自带流量能力的时候，怎么能让这个商品为你带来流量呢？这就需要周密的消费频次分析，以及品类布局。真的找到一款"商品"，具备"高频、刚需"且能做到物超所值，那么就是"爆品一开卖，流量自然来"。而真正做爆品的方法其实没有那么神秘，很简单，就是"把高频、刚需的产品，做到极高品质，极具性价比，极广的传播度"，自然就成爆品了。但是最后一句"极广的传播度"，这就需要花流量费用。那什么样的商品，又自然带这个特征呢？

我曾经跟很多朋友半开玩笑地聊过，商品的消费频次与毛利之间的关系，我说高低频商品有个不大成文的特征，越高频的商品，毛利越低，反之毛利越高。例如空气，是人最高频消费的东西，它是不要钱的；而墓地则相反，一生只消费一次，价格昂贵。当然，也有高频暴利的产品。

2018年年初，我和必要分管供应链的合伙人成建勇坐在办公室里分析，必要上的"刚需、必要的"品类已经足够全，已经能够满足人们大部分的需求。但是，我们缺乏一个自带流量的品类，这个自带流量，不是说假爆品，很多同行为了所谓的流量，把100元钱的东西卖到9.9元，然后说自己做了个爆品，这种纯属想不开。

所谓自带流量，就是这个商品出现的时候，能够自主地吸引大众的注意力，最好这个商品有强大的社交属性，流量自然就来了。

在我们分析这种商品的时候，互联网行业刮起了一阵"咖啡旋风"，各种做咖啡的非常非常多。当然，我们认为，星巴克是咖啡行业真正的"品牌"，这也让我们在涉足咖啡这个行业以来一直心存敬畏。

关于必要是如何进入咖啡行业的，我专门写过一篇微信公众号日记《折合一杯咖啡2.58元："把咖啡卖给星巴克的人"联手·必要直供顶级咖啡》，来记录事情的来龙去脉。必要咖啡的合作伙伴刘老先生，深耕咖啡行业几十年，曾被《福布斯》杂志以《把咖啡卖给星巴克的人》为题报道过，在这里就不赘述了。

关于咖啡的几个特征，我可以跟大家分享下：

1.咖啡成本极低。我们测算过，一大杯拿铁，里边的咖啡成本也就几毛钱，杯子成本不到2元钱。即便一杯售价接近100元的手冲咖啡，差不多也是这个成本。

2.咖啡越新鲜越好喝。国际上有专业的评测报告，外行人也能猜到，传统的咖啡店或者近两年流行起来的互联网咖啡，咖啡豆都是提前存贮在仓库里，不知道放了多久，新鲜根本就谈不上了。

3.咖啡在生活场景里，具备"高频"和"强社交属性"。我每天都要喝至少一杯咖啡，而且线下存在着明显的社交场景，比如"我请你喝杯咖啡"。

带着这些场景分析，我们确定，咖啡行业可以换一种市面上没有的模式：一是可以给用户创造价值，给行业创造价值；另外，必要也拥有了一个自带流量的品类。

于是，我们投资了星巴克在中国的种植基地，换了个玩法：

1.如果想让咖啡的口感好，最好使用保质期在7天以内的咖啡豆进行研磨。我们在咖啡种植基地的山脚下，投资兴建了全世界唯一一条咖啡柔性生产线，确保用户下订单后一周内就到手，直接将中国种植变为中国制造。

2.我们直接做最顶级的咖啡——手冲咖啡（我曾经在上海喝过一杯手冲咖

啡，97元）。

3.因为咖啡成本其实很低，我们根本不需要玩概念，我记得前不久有篇文章，叫作《别讲概念，我就想喝杯好咖啡》。于是，我们跟合作伙伴一起确定"手冲咖啡，9.9元一杯"，这是顺丰包邮价格。

有了如上几条"商品基础打底"，我们就有了做爆品的基础。但是，仅仅有这些还是不够的。

现在开始讲流量相关的"神"操作。

首先，我们在生产基地下边建设的不仅仅是把咖啡豆磨成新鲜咖啡粉的生产线，而是基于必要前台、中台、后台搭建的一条完全用户个性化自定义的咖啡智能柔性生产线。

用户在必要商城上选择手冲咖啡这个品类后，会发现不仅仅是买一杯手冲咖啡，更重要的是，用户可以自拍，把任何一幅图像印到咖啡杯套上。或者，输入自己名字的拼音或者英文名字，我们专门设计了程序，能够把它们瞬间变成一个花体的Logo，这样，用户就可以花9.9元一杯的价格，每天喝着自己专属的顶级的手冲咖啡，还有多种口味可配。对于我这种每天一杯的咖啡用户来说，一年可以省下一部顶配iPhone的钱。

这杯咖啡在国际上的评级是81.5分，由全球最权威的咖啡大师Jeremy老先生把控品质，确保口味做到"赞不绝口"。

具备了上述爆品的标准，自然会引流。

更重要的是，几乎所有用户定义完成自己的头像或自己的花体Logo后，都会截图晒到朋友圈里。这是我们追踪用户的朋友圈分享行为后，顺应用户行为所做的一个流量产品。上线一个月，平均每天咖啡新客又带来三个新客！

但是仅仅这些就够了吗？当然不是！

前文说的线下场景"我请你喝咖啡"，这个强社交属性还没用起来呢！

在整个微信社交场景里，我一直认为微信的产品经理极度有智慧，他们做的应用最广泛的社交产品，就是微信红包。

红包、礼物，都是最好的社交介质。于是，我们模仿微信红包，做了一个必要"礼物产品"。具体场景是这样的：

假如你过生日，甚至不用特别的日子，我就是想请你喝一杯咖啡，这时候我用你的名字定了一杯你的专属咖啡，我付款、下单，然后形成了一个"实物红包"，通过微信发给朋友。红包的封面你可以设计成朋友的名字，朋友一点击，就自动匹配了微信的送货地址，等着收货了。这时候，朋友其实就成了必要的准用户。

要想朋友成为必要的实际用户，很简单，"好的商品会说话"。用户体验了商品，我们有信心95%以上的人会对我们的商品赞不绝口。这就是我在本书开篇一直在重复的，虽然本书写的是流量，但是商品才是流量的根本。

本节名字叫作"有货"，总结起来就一句话：要有自带流量的品类。当你经营的时候一定要认真分析，根据自己的特点去做。

当然，这个品类带流量的能力还不止这些。我们在做咖啡柔性生产线的时候发现，随着咖啡文化的盛行，其实线下很多的餐饮和饭店都想给他们的顾客提供咖啡，但这是一个复杂的过程，要找到顶级的咖啡原料，又要整合咖啡杯、杯盖、咖啡机、咖啡师等，各种投入很大，基本只能想想。但是有了必要手冲咖啡这个品类，就提供了一种可能——"所有线下店都可以卖星巴克品级的咖啡"。

为了让这种可能增大，我找了很多做线下餐饮的朋友聊，他们就一个需求，这个咖啡杯身上不要有必要或者必要商家的Logo，而是用他们自己的Logo。因此，我们在搭建咖啡柔性生产线时，整个杯身上除了用户可以自定义的图形图像区域之外，没有任何我们的元素。

样品出来后我在必要的老客户里做过一次问卷调研报名，报名一下子超过了几千家，很多必要的用户都是餐饮企业老板，说我们解决了他们的大问题。他们做自己的咖啡，星巴克的品质，多种口味任选，一杯他们可以只卖11元，相当于星巴克35元的大杯。我相信，未来会有几十万、上百万家餐饮企业提供这种服务。这就是"产品自带流量"，这就是"有货+心理需求"的完美组合。

一个好的品类的选择，在贝叶斯定理推演的时候，也是重要的因子。如果这个品类自带社交属性，则更加满足了"随时随地，传情达意"的社交心理需求。这句话是我在参加一个论坛的时候，我的好兄弟王江说的。从他这句话里，衍生出了必要流量策略的又一个组成部分：有情。这正是我下一节要分享的。

有一种消费心理学理论认为，要做半成品，而不是成品。但行为经济学家丹·艾瑞里对此有不同的观点，他认为，人们付出的劳动越多，产生的依恋就越深。丹·艾瑞里的这一理论在男女相处中最容易被验证，两人在一起时间久了，虽然对方身上的缺点越来越被暴露出来，但男女双方的感情也越来越深。很多人甚至明知对方不那么好，却依然不愿意和对方分开，就是因为在他身上付出的感情太多了，对他的迷恋也就越深。手冲咖啡就是让用户自己参与到咖啡制作中，如果用户能做出一杯打印有自己名字的咖啡，他就有很大可能性晒到朋友圈去，分享给朋友，这就会带来自传播效应。

【流量实战日记·2019年5月8日】

星巴克品质的咖啡9.9元/杯，顺丰全国包邮

必要发布手冲咖啡产品，已经上线。

星巴克中国原产地直供，手冲咖啡，9.9元/杯，顺丰全国包邮。颠覆暴利，再下一城！

我曾经写过一篇日记，叫《把咖啡卖给星巴克的人》。文中爆了不少料，比如"星巴克顶级咖啡豆的产地之一在中国"，以及"咖啡行业多么地暴利"，等等。

这是去年的事儿了。然后呢，必要就跟合作伙伴发布了极高性价比的咖啡豆产品。

但是，我一直觉得产品形态不够友好，因为有咖啡机的用户其实并不多。

去年，中国互联网行业的O2O咖啡热了起来，出现了各种商业模式。而这些模式，是必要团队的能力无法覆盖的范围了。

因为咖啡成本其实非常非常低，而线下开店又不能像互联网那样全国覆盖和普及，怎么能让必要全中国的用户在任何地方都能喝上星巴克品质的咖啡呢？

必要团队和合作伙伴从去年起陷入了深深的思考。

我们先说咖啡的种类。在咖啡界，最高端的当数手冲咖啡，在上海，一杯手冲咖啡能卖到接近一百元钱。手冲咖啡，主要喝的是现磨咖啡的新鲜度和咖啡师当场手冲的仪式感。

手冲咖啡

如果我们做咖啡，就做咖啡里最顶级的产品形态——手冲咖啡。但是该怎么做呢？

其次，是咖啡的成本。很多人可能不知道，即便是上百元的手冲咖啡，连杯子带咖啡再加上配料，成本也不过是几元钱。必要进入任何品类都要求极致性价比，如何在保证顶级品质和体验的前提下，将手冲咖啡做到不到十元钱一杯呢（还要顺丰包邮）?

带着这两个目的性极强的问题思考，必要和咖啡合作伙伴的两个团队进行了长达一年的研究、研发以及实施。

这个实施过程，伴随着我们一起投资建设了全球唯一一个咖啡柔性生产线而逐步落地。

咖啡要想好喝，第一，原料很重要。而必要合作伙伴Anny咖啡在全球咖啡评级是多少分呢？如下这张图，是全球咖啡泰斗Jeremy老先生的评分和评价（高达81.5分，比哥伦比亚蓝山咖啡都高）。

Anny 咖啡评分——81.5分

其次，咖啡的新鲜度很重要。因为必要是直连生产基地，这个时效性的优势别人还是难以企及的。我们做到了当用户下单后，咖啡从采摘、烘焙、研磨到真空充氮密封，一周内送到用户手中。在传统咖啡业态下，咖啡豆必须备在仓库中，所以时间上就很难保证让用户喝到的是最新鲜的咖啡。云南咖啡交易中心做了个评级如下：

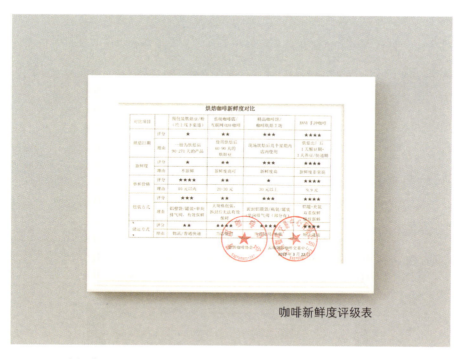

咖啡新鲜度评级表

再回到包装。这是一条复杂的生产线，从规划、设备定制、系统编码，到联动调试，整整10个月的时间我们才调通上线。

这里，大家可能没有想过，为什么很多用户不愿意买咖啡机自己研磨咖啡呢？经过我们调研发现，用户一来不愿意洗杯子，二来怕麻烦。

所以，我们这条生产线的搭建，首先必须能够做出随时可弃的环保咖啡杯，但更重要的是能够工业化柔性生产。经过各种磨具开发到产品的调试，摔了无数跟头，延期了四次上线时间，我们终于做到了如下几点：

1.发明了全球专利的手冲滤杯，发明了同样拥有专利的真空包装的全新咖啡存贮方式。

2.建设了全球第一条目前也是唯一一条咖啡从采摘到真空包装到成品的柔性智能生产线。

3.特别提一点，这次柔性生产线的建设，做到了个性化定制，也就是说，咖啡杯子上的图案是可以定制的！你随时随地都能喝上自己品牌的咖啡了！

重点来了，价格！

前文提到，咖啡成本其实是非常低的，到底多低呢？接下来将必要内部的定价表分享给大家，大家就一目了然了。

手冲咖啡杯成本测算			
项目	品名	规格	单价/元
原料	咖啡粉	14g	0.84
	奶粉	10g	0.55
	白糖	5g	0.10
包装	纸杯	16盎司	0.27
	滤杯		0.62
	小罐（含铝膜）		1.80
	杯盖	16盎司	0.20
	杯套		0.20
	搅棒	16cm	0.05
	外盒-6杯装		0.68
	外盒不干胶		0.04
	外箱-物流箱		0.35
	外箱不干胶		0.03
	原料包装运杂费		0.15
	原料包装损耗		0.02
物料成本小计			5.90
基础	设备		
	人工		
	场地		
	能耗		3.64
	税收		
	物流		
	不可预见费用		
单杯成本小计			9.54
整套（6杯）售价			59
单杯售价			9.83
单杯利润			0.3

手冲咖啡成本结构表

咖啡定制

按照必要定价的一贯做法，我们把 Anny 个性定制柔性生产的手冲咖啡定到了 9.9 元一杯（相当于星巴克的大杯咖啡，市场上的售价是 35 元）。这是什么概念呢？如果你习惯每天喝一杯咖啡的话，一年就能省下好几千元钱，相当于买一部 iPhone XS Max 的价格。

一杯咖啡，我们赚不到三毛钱，因为这个定价，内部同事给我取了个外号叫"毕三毛"。

我们在美国测试的时候，在推特上被老美给玩疯了：

更令人没有想到的是，很多原先想自己在店里提供咖啡产品的餐厅，苦于没有好的咖啡供应链，花钱买咖啡机投入又大，必要这个产品功能上线后，他们在测试期间就成了这个产品的大用户！

想想也是，9.9 元一杯，不仅能制作完全属于自己的咖啡，并且线下店即便再加 2—3 元的服务费，一杯上好的手冲咖啡也才十几元钱！

我的好友小柯老师的音乐餐厅也成了这个产品的用户。餐厅经理跟我说，他们未来还会把小柯老师经典的歌词做成个性化咖啡杯，比如把"因为爱情，怎么会有沧桑"印到咖啡杯上，观众可以边喝边看小柯的原创音乐剧《因为爱情》。

这样真的可以让全中国的餐厅都有自己的顶级咖啡了！让好咖啡遍天下！目前已经看到了很多企业订单，拿专属定制手冲咖啡招待客人，逼格满满啊！

我也玩 High 了，找出了自己 20 年前的照片自己 High 了一份，从此我要喝自己的咖啡！[1]

---

①说明：第二代必要手冲咖啡产品已经升级迭代完成，并于 2019 年 11 月 20 日重新上线。

有情
——人与人情感的链接，即是流量的流动

"桃花潭水深千尺，不及汪伦送我情。"

中国几千年来描述人与人情感的美妙诗句，数不胜数。就像前边章节我说过的，人的情感，就是人心，人心所向，即是流量，人之间的交往，就是流量的走向。

人的情感群属性古来就有，只是情感的表达方式，古代只能通过书信，用诗词传情达意，而今天，我们有移动互联网，有社交网络，自然就可以通过满足某个"群体"的需求来解决流量问题。

这一节讲的是必要从2017年年底起，通过对订单诉求数据的分析以及追踪而开发的流量策略产品。

从2017年起，必要的模式成了中欧、长江等中国顶级商学院的案例。这些商学院的才子顺应的第一个动作，就是集体在必要上下订单订班服，订出游的统一服装，订统一的毕业分手纪念品……他们需要个性化，需要高品质把这段友情珍藏很多年，他们要Show off，以用户统一的形象来代表，"我是这个群体的人"！由于必要当时在用户端的产品上并未对这部分需求产品做优化，所以体验很不好，对于这种"群体"需求服务并没有很好地满足。

但是，这些不间断的订单需求，让我开始研究群体流量属性和特征。

通过调研，人从小到大，对于"情"这一部分，无外乎同学情、同事情、父母和儿女之间的感情、爱情等。情感之间的链接，总需要一个"定情信物"。其实这个定情信物，不一定局限于恋人之间。具象地说，我儿子班的班服，就是他们三十几个小朋友的信物。班服，成了他们之间拥有共同身份的象征，情感的链接物，和必须要拥有的ICON（图标）。即便这个ICON被收藏起来不再

使用，多年后也是彼此交流见面的"信物"和永远的情感连接纽带。

因为有大量的这种类型的订单，我们就做了个调研：你心目中挥之不去的情感联系是什么呢？基本回答最多的是母校情、同学情和同事情。

现实生活中有很多校友群，经常有各种活动。我有个兄弟毕业于北大，他发朋友圈求校友给他找一件校园的画册纪念品。我告诉他可以在必要上用北大校徽或者北大其他元素定制服装的时候，他惊喜万分，马上动手开干！校庆那天，他自己穿着这件服装去参加活动，当然也带上了他的小儿子，他的小儿子也穿着带北大元素的同款服装（因为童装必要也可以柔性生产）。

带北大元素的定制服装

这件事在他们的班级群引起很大的轰动，仅仅他们父子晒到群里和朋友圈的一个合影，就让他全班同学成了必要的用户，也让他朋友圈的很多好友成了必要的用户。这让我再次感受到了群里"情感流量"的强大威力。

我们从2018年年底启动的内部"双百计划"之一，就是新开辟100个品类全定制生产线，来满足群体情感需求，这也吻合了上一节跟大家分享过的"有货"战略，这里就不再赘述。

发现这个"流量趋势"后，我们专门开展了如下的产品以及运营动作，直接拿出来和大家分享。

产品层面

必要专门在首页开辟了定制频道，让有这个需求的人直接进入这个频道即可。这是一步很简单的操作。但是接下来的一系列操作猛如虎：

技术产品部分

1.为此我们专门研发了能在手机端运行的3D引擎（这个跟漫威电影的渲染引擎是一样的道理，只是我们把它小型化到能在手机上跑），用来把用户个性定义的图案直接和商品的物理位置对应，所见即所得，一目了然。举个例子：如果没有这个3D引擎，上文提到的我那个朋友想把北大的Logo放到衣服的左上角的某个位置，这在传统互联网的产品中是无法做到精准的，你往左上角放一点，再放一点，如果用户是个湖南人，客服是个福建人，那两个人的沟通简直就是灾难。因为没法所见即所得，所以就会来回寄送样品，最后各种成本高到无法接受，然后就没有然后了。

但是有了3D引擎，用户的行为实时可见，而且是立体的，所有问题一秒钟内解决！用户下单后数据直接驱动生产线生产。这时候，一件可以"传情达意"的商品就出现在你手机上了。

2.我又做了一个很小的虚拟店铺系统。因为有多达100款全图形柔性商品，所以你可以集合选择，形成一个很小的定制后的商品集合店铺。

3.这个店铺，可以轻松地在用户点击分享的时候，形成一个带用户上传元素的海报，海报上直接连着必要的小程序。

4.在情感带动的情况下，你不需要给用户任何利益刺激和诱导，分享到朋友圈或者校友群，就成了他们的一个自然动作。而这时候他朋友圈或者校友群里的其他人看到这个商品，跟自己有着强大的情感联系，那么下单的转化率几乎是100%。因为如果不是100%，大家去参加校庆的时候没有下单的人就会自然被排除了。而一个班至少几十人，中国所有高校的校友现在加起来我也不知道多少人，几千万上亿人是有的吧？真情所至，金石为开！

这里再给大家一个忠告：2C的所谓个性化定制市场，其实是一个伪需求，根本不是一个商业模式。这里分成两种：一类是尺码类型的商品，例如西服的个性定制，一件西服上衣真要尺寸定制，需要几十个尺码数据，一个专业的量体师至少摆弄你半天，最后还不一定准，首先这种量体裁衣的个性定制是个伪需求。

其次，面对纯个人图形图像类的定制（除非这个人有能力处理图像），也是个伪需求。因为从柔性数码印刷上，印出来质量最高的图像源最好是PNG（可移植网络图形格式的简称，这个格式美工一眼就能看懂）。如果简单地把图像放到一个咖啡杯上，用户的手机拍照就可以了，但我们做了细节的技术处理。而放到其他商品上，只有懂了P图的人才能做好，否则一个白白的T-shirt上面，会印出一个方方正正的图来，奇丑无比。任你质量再好，用户也不会复购了，就会影响本书第三部分讲的"留量"策略。基于这个原因，我们开展了如下的市场运营动作。

市场运营部分

因为我们发现不是所有人都能做出专业的PNG图来，但现实生活中有非常非常多的校友群，可能数以十万计，我们的市场运营部门找到了这些人群的关键人物，给他们讲了我们提供的独特产品和服务。这些校友看到这个服务后，都欣喜无比，他们自己都能找到做PNG图的人。然后，我们后台在我写这本书稿的时候，已经有超过800所高校的风格各异的几十万个订单了，背后到底带来了多少流量，我也没有具体统计。但是，因为我们满足了用户的情感需求，再来的流量我们称之为"自然流量"了。

我公司另外一个合伙人T总（Theresa）因为女儿画画好，身边又有美工做PNG，已经在这个功能的运用上到了疯狂的程度，把孩子的七大姑八大姨和各种老师包括外教全部都自然变成了必要的用户，她这个个案在我们原来的运营规划里没有计算在内！

定制产品

　　还有个我们没有计算在内的"有情"流量策略的发展趋势是这样的：因为很多"老校友"已经是企业老板了，他们体验了必要的这个服务，自然挖掘出来了一个他们的痛点——"企业福利和礼品"。"大牌品质，工厂价格，一件起订，个性定制，避免腐败"，这是所有企业老板在企业福利和礼品这件事上的核心诉求，必要的定制频道满足了企业老板们的心理诉求，直截了当。

　　然后，就出现了如下的操作：企业发文要求采用必要定制频道！有企业发文要求用你的产品和服务，这些流量我们可以称之为"行政流量"了。

　　个人的情感，是流量，人与人情感的链接，则是流量的流动。但是，从人内心的心理需求上，把自己好的一面、有趣的一面展示给自己的社交圈，其实也是人内心的刚需。因为这种刚需的存在，各种自拍软件，各种测试会疯狂地在朋友圈刷屏。我们下一节，正是把握了用户的这种诉求，而衍生了另外一个流量策略——"有趣"！

　　特别补充：贝叶斯推理在必要的"五有"环节都被用得淋漓尽致，提醒大家在日常运营过程中一定要注意！

北京英诺格林科技有限公司

英经 发 通字【2019】第 003 号

公司内部采购启用"必要商城定制"的通知

　　"必要商城"新推出"企业定制"专项产品与服务,通过公司在必要商城近两年的购买体验,商品不仅质优价廉,性价比极高,更能体现公司良好形象。

　　为了更好的节省公司成本,缩短采购周期,体现公司良好形象,即日起公司内部采购启用必要商城的"企业定制",公司服装、办公用品、礼品等均从必要商城"企业定制"采购,希望各部门提前做好采购计划,报行政人事部统一定制。

　　　特此通知!

经营中心
2019 年 05 月 18 日

报送: 总经办、高管
抄送: 财务部、行政人事部、采购部、营销中心、技术中心、工程中心（工程部、工艺计划部、电气自控部、售后服务部、生产部、库房）、民用机事业部
备案: 经营中心
签字:

内部采购

关于集团内部采购
启用必要商城企业定制的通知

集团各公司：

　　通过必要商城 3 年多时间的购买体验，必要商品不仅品质优良，而且具有超级性价比优势，必要商城新推出针对企业客户的"企业定制"专项产品与服务，为更好体现公司形象、采购最高性价比产品，即日起公司服装、办公用品、礼品等必要商城合适商品，均从必要商城采购。

棒师傅果蔬食品集团总裁办

2019 年 5 月 20 日

地址：北京市丰台区角门18号未来假日花园一区07-03
Address: No.07-03,Wei Lai Jia Ri Hua Yuan,No.18 JiaoMen, Feng Tai Area, Beijing China
电话 / Tel: 86-10- 8758 2076　　　传真 / Fax: 86-10-8758 2079

棒师傅果蔬食品集团采购函

三生有幸，不如一直有你——写给必要上线三周年

2018年7月30日，必要上线整整三周年。同事说，老毕，你写篇文章纪念下吧。我说，好，然后就继续开会，开完会发现已经7月31日了，索性就今天写吧。

开会是为了本周五8月3日必要要上线一个劲爆品类，不分性别，每个人都需要的品类，这个品类从开始规划到上线整整用了6个月。

这几年一直有朋友在催我，必要非常好，但是老毕你为什么这么慢啊？你不知道"天下武功，唯快不破"吗？你为什么不让必要大开大合呢？为什么不营销炒作呢？为什么不请明星呢？

了解我的人都知道，我最早在百度就是分管营销的，按说营销就是我的专业，但我现在反而非常厌恶营销。因为我觉得，好的产品，自然会说话。

在做必要初始，人人都说"天下武功，唯快不破"，但我定了一个原则"慢即是快"。原因是这样的：

在中国，电商网购异常发达。但是，所有电商的经营者都在看一个数字"GMV——商品成交总额（Gross Merchandise Volume）"。跟同行聊，跟资本市场聊，大家都在问这个问题。但是我却非常反感这个问题，因为交易量只是一个商业平台经营的结果。

我一直看重的是LTV——用户终身价值（Life Time Value），因为一个用户在必要上的LTV越大，说明这个用户对必要的产品和服务越满意。面对看似发达的电商市场，中国用户缺的不是故事，缺的不是营销，缺的是踏踏实实做好产品和服务，让用户信任的平台。

然而，做到"信任"两个字并不容易。

记得必要在2015年7月30日刚上线的时候，只有四个品类。我们在上线前准备了17个月，谈了很多商家，其实背后的故事是这样的：

我们开始规划了700个品类，列出了三条招商标准："必须是国际顶级大牌制造商，必须是柔性生产，必须成本定价给用户最高性价比"，然后团队就开开心心地执行去了。

结果还没出门就遭遇当头一棒：中国有600万家制造商，符合标准的在哪里呢？

我们窝在北京东三环一个写字楼的2206房间，一个一百平方米的小房间，大家抛出一个问题："咋办呢？"

最好的办法，就是发朋友圈问，"谁认识谁谁谁的制造商吗？"，然后就是收获了无数点赞和一百来个"不认识"的回复后，仍然无果。

我跑到了广州，找到我多年的兄弟，巴宝莉男鞋的制造商陈果。花了一天，讲清楚了我的想法和梦想，陈果一拍大腿：这个模式好！我先投3000万元改生产线，就等你平台上线了，我马上给你介绍个做包的，绝对符合你的标准。

这时，我就觉得自己快破局了。

我开开心心地去了。对方老板是一个国际大牌女包的制造商，我们听说过的很多顶级大牌的包，几乎都是他们家产的。我花了半天时间，跟对方的老板讲我的梦想和规划，对方老板也是一拍大腿，毕总这个模式太好了，我这就开始筹备。你网站现在有多少用户？我说现在只是我的想法，网站还没开发呢。然后，人家就礼貌地把我请走了，然后就没有了然后。

珠三角是中国高端制造业基地，有了陈果这个伙伴，我索性就在广东住了下来。在广州的朋友应该知道，广州有条岗贝路，这条路上有家速8酒店，事后我们算了算，必要团队在这个酒店一年内住了300多天，只谈成了2个合作伙伴。

到了2014年年底，我去谈一个重要品类的时候，真心想拿下这个品类。但是对方老板以为我是个忽悠，一直犹豫不决。后来逼得没办法，我就说：王总，我投资你，亏了算我的，赚钱了大家按股份分红。这样，才把这个伙伴拿下来。

到了2015年6月份，一共17个月，我们总共谈成了五个合作伙伴。2015年6月底，其中一个合作伙伴来电话，老毕，我等了你一年多了，你咋还没上线？合作还是算了吧！于是，临上线，跑了一个，只带着四个品类，必要的第一版上线了。

昨天（2018年7月30日）我特意查了下必要上线当天的第一个用户（非必要员工），到现在已经成了必要V5级别的用户（必要V级用户里最高级），每年在必要上的消费超过20万元。这让我很欣慰，我相信很多必要用户，都是从必要上线的第一天开始到现在，不但自己消费，还介绍了很多朋友成为必要的用户。我相信，你也是其中一个。

这是对我、对必要团队最大的奖赏。我跟大家汇报一下这几年必要的几个重要的里程碑工作：

1.必要上线前规划的700个品类，基本上都已经完成上线了。

2.必要的招商标准，从最初的3条，已经升级到了56条，而且定下了严格的下线标准，差评率超过0.75%就下线。

3.必要从上线时的4个商家，到现在已经几百个商家了。

4.必要的客服好评率99.5%，虽然三年多一直在努力升级，但是那0.5%的提高真的很难，但我还会继续努力，我们的客服是7×24小时交叉客服。

5.必要平台商品的好评率96%，中评率3%，差评率1%。比其他平台高出30%。工业产品做到100%好评太难了，为了把这个数字提高1%，拼了一年，去年（2017年）的时候好评率是95%。

6.必要作为一个电商后辈，文章开头提到的LTV处于行业前三。这是大家对必要团队努力的奖赏。

所有的努力，都为了"信任"二字。赢得信任，需要付出200%的努力，需要付出更多的时间仔细雕琢打磨。零售是个慢功夫，虽然必要到现在为止，仍然是中国唯一一家C2M电商平台，但其实用户并不关心你的商业模式，只关心你的性价比和服务。不管什么模式，我做的还是零售，我不会讲故事，只会做事。

2018年8月3日，必要的服务将再一次升级。用这次服务升级，献给必要三周年。

2018年8月3日，必要将新上一个劲爆的品类，用这个品类，献给必要三周年。

感谢千万粉丝对必要的信任和一直以来长情的陪伴。

感谢必要的所有商家和合作伙伴，一直耐心地陪伴必要成长。

感谢吴晓波、小柯、胡海泉、蔡康永、江南春、李彦宏、冯仑、秦朔、孙陶然、周航……数不尽的各行各业的大佬一直为必要背书，为我摇旗呐喊！

感谢所有的必要元老，为了我们共同的理想，这几年一直坚守"公信力"三个字。

三生有幸，不如一直有你！

有趣
——有趣，才能激发用户的热情

大家应该注意到一个现象，朋友圈经常会被某种好玩的事情刷屏，例如：测自己的左右脑结构，把自己的脸合成一个穿军装的样子，小姑娘戴个兔子耳朵自拍……

这充分显示出，在人性的深处，"露才扬己"是人的本性。

跟我是微信好友的人都知道，我是一个朋友圈控。当然，我发朋友圈喜欢自黑。因为我感觉这样很有趣，本来工作压力就大，何必把自己搞得那么压抑呢？

在上述"四有"（有数、有钱、有货、有情）做完后，如何结合必要的产品、商品特性，充分借助用户愿意玩"有趣"这个点，去布局必要的第五个流量策略，成为我们内部团队讨论的一个话题。

显然，去创造一个新的流量产品难度太大。好吧，那就借鉴沈阳飞机厂的逆向工程，把苏－27变成中国的歼－11，在"有趣"这件事情上，就不要发挥原创了，先逆向工程，再本土化。

本书讲的都是必要的实际案例，大家在拿去用的时候千万不要生搬硬套，一定要"本土化"。必要在做了这"五有"流量策略后，在后"四有"（有钱、有货、有情、有趣）的产品延展上，除了原创外，借鉴了大量的其他产品思路。因为互联网圈子里集合了大量的聪明人，这些人高智商、行动快，不怕吃苦，别说"996"了，"007"都干得出来。

在这件事的实操上，我个人就有五部手机，每天都会去研究各个领域里的互联网产品，看看人家是怎么做的。为什么会用五部手机？因为iOS的用户行为和Android用户的行为有很大差异，用不同Android手机的用户行为也不一样。例如，使用华为高端机的人和用VIVO的人的购买力就大不相同，研究这些产品的时候，要分而论之。

同时，我还有一个习惯，就是每个月研究小程序排行榜的前100个产品，看看人家哪里做得好，哪里值得学习。看到新上榜的小程序，我就会观察三个月，三个月以后如果它们还在榜单上，就要深入学习！希望这个操作经验对大家有用。

互联网领域里，在"有趣"这件事情上，有大量的产品值得研究复制，但如果简单地1：1复制，那就大错特错了，必须要结合自己的产品进行本土化。这一节，我和大家分享一个必要顺应用户"有趣"的天然行为，同时又结合必要自己的特征本土化的成功案例。

满足用户的天然行为的有趣产品

"自拍发朋友圈"，我相信几乎所有人都做过，尤其对于爱美的小姑娘而言。市面上有大量的自拍产品，美颜、磨皮，各种小道具数不胜数，变化无穷。我曾经做过为期一周的统计，用户的自拍行为，85%以上发生在周末或者节假日。在这个高峰期，我的朋友圈里平均每10个好友就会有1个在自拍，不论男女，几乎100%的人都开启了美颜或者利用了工具软件的AI美颜算法，而85%以上的用户使用了自拍道具，例如里边的小配饰——兔子耳朵、项链、眼镜，但这些道具都是虚拟的。

眼镜这个品类，在必要的试戴却是现实的。对于必要眼镜品类，我曾经写过一篇微信公众号日记《我怎么把3000元钱的眼镜做到169元的？》，因为这个惊爆的性价比，必要的眼镜品类是一个超级爆的品类，用户多，口碑好。

但是网上买眼镜有一个巨大的痛点，这个眼镜我戴上好看吗？或者让朋友家人帮忙，快帮我看看我戴这个眼镜好看吗？在这个行为背后，流量就来了。

第一个痛点，为了解决用户自己内心深处的"这个眼镜我戴上好看吗"的担忧，必要在三年前就开发了自己的人眼识别系统，用户可以虚拟地把自己选中的眼镜通过必要APP的AR试戴功能戴在自己脸上，好看了，自然就会下单。这个功能上线后，必要眼镜品类的转化率提升了整整一倍。

真正涉及流量策略的产品，必要是在2018年做的，这里就有一个深度的用户心理行为剖析：

用户想别人协助参谋"快帮我看看我戴这个眼镜好看吗"的潜意识心理活动中，不管朋友回答这个眼镜是否适合我，起码我自己先要觉得好看。基于上边数据的分析，我们先做了一个简单的美颜功能，确保用户自拍出来的人是美

发明专利证书——在线眼镜试戴方法

的。然后，我们开始加入流量策略了。

必要在用户分享出去的时候，加了一个社交功能，就是好友投票功能和红包。因为用户分享出去是借助了用户"分享有趣"的天然行为，那么朋友圈的互动，他的好友给他点赞的行为就是流量行为了。

我们做了一个"第几个给我投票的人红包最大"的产品，当朋友给用户朋友圈海报的动作点赞的时候，系统会显示"感谢你为我参谋，我送你×××钱红包"，而这个红包，可以跟必要"有钱"策略里的"一起拼"叠加使用。因为发起用户和点赞用户肯定是微信好友，所以，他们借助必要的这个产品工具天然地就沟通起来，而发起的用户对必要的品质和性价比是"亲测有效"，那流量就自然来了！

我们统计，通过这个产品，用户带流量的能力是 $1:2.5$，也就是说，平均使用这个产品功能的人会为必要带来 2.5 个新用户。懂得社交关系的人一定能看出 2.5 这个数字在流量上的巨大价值！

把"不可能变为可能"的有趣

这个流量产品，其实是由必要独有的技术衍生而来的，并不是我们刻意为之，可以说是事后总结。

2016 年，必要进入家具行业的时候，发现了购买家具的用户跟购买眼镜的用户的需求，有一个惊人相似的痛点，那就是用户根本不知道买的这个家具跟自己家的装修风格是否协调，所以迟迟不敢下单。2016 年，我们自主研发的 AR 技术上线了，用户在购买家具之前，先通过必要 APP 虚拟地把自己心仪的家具摆在房间里，看看是否协调。这个技术把必要家具品类的转化率也提升了一倍。

但是，接下来事情的发展超出了我们的预期，变成了种豆得瓜。因为使用这个功能的必要用户，开始充分发挥群众的创意和力量，把家具放到了令人想不到的地方。

家具的AR试放

我们的工具产品，把不可能变成了可能，直接把用户的"有趣"热情给激发出来了。

于是，我们非常偷懒地把用户这个"有趣"的行为简单进行了放大。在用户分享朋友圈的时候，我们增加了一个叫作"我也要玩"的按钮，几乎所有被朋友圈击中的用户，都会加入创意战团。此事变得一发不可收拾，而相应带来的流量，也变得一发不可收拾。必要负责市场运营的同事，正准备在今年三季度装修旺季的时候，在全国搞个大赛，让所有人来参与打分评奖，类似于"把家具摆到最不可思议的地方"之类，让朋友的朋友投票排名得奖，进一步借助用户"我要拿第一"的心理，激起流量的涟漪效应（我相信大家都收到过给朋友的孩子拉票的请求）。当涟漪激起，影响扩散的时候，流量自然进入了下一个蓝海。

淙淙三峡水，浩浩万顷波。未如新塘上，微风动涟漪。

顺应用户的心理，便能激起流量的涟漪，涟漪不断，流量自然是一个蓝海。

至此，我的流量实战日记的理论和案例分享完毕。我没有写AARRR[1]的各种理论，因为都太晦涩了，我把理论变成了亲测有效的案例分享给大家，相信这才是大家更希望看到的。

但是流量来了，是留下还是流走？我相信是每个人更关心的问题。下一部分，我用最短的篇幅分享一些心得，我们讲讲更重要的事儿——"留量"。

【流量实战日记·2018年12月28日】

心有灯塔，不误芳华

T总上周跟我说，平时新同事入职培训，你都没空参加，快到新年了，给大家写封信吧？

其实不论是老同事还是新同事，都知道我平时喜欢的就是工作、数字、分析、逻辑、产品、运营，以及羽毛球。其他事项，分别由几位创始合伙人在管，我也不用太操心。所以感谢跟我一起创业，有共同梦想和做人做事原则的几位合伙人老板。

T总一直说自己是必要的首席大丫鬟，其实公司没有具体人负责的事情，都是她在管。所以请大家记住，任何事情，包括工作上的，生活中的，与同事相处中的，流程配合上的，开心的，与不开心的，都可以直接找她，她在八楼办公，大家随时可进她办公室聊聊。

建勇一直说自己是必要首席跑腿的，一年可以飞48万千米。大家一直以为他只分管供应链，其实，外部很多合作伙伴资源，也是他兼职在做。每周徜徉在酒精里，希望他明年先去把病治了，不要再拖了。

大家尊重的庆叔，是个话比较少的人，但其实他是我司首席怼人官。在必

---

① 是"Acquisition、Activation、Retention、Revenue、Refer"五个单词的缩写，分别对应用户生命周期中的5个重要环节：获取用户、提高活跃度、提高留存率、获取收入、自传播。

要，没有被庆叔怼过的，就不算经历过心灵上的历练和摧残。我被他摧残过，但是我感谢他，在公司人员急速增长的大势下，没有他坚持原则和制订规则与流程，公司的运作轨道会乱掉，很多事会没有规矩。他定的流程，我一直在遵守。

当然，我们只是这家公司的个位数的百分比，大家才是99%。

必要有个特点，就是员工流失率极低，为此我们不经意地就被人颁了"年度最佳雇主奖"。当然，以我们的习惯，有奖不去领，愿意的话把奖杯寄过来，不愿意寄的话我们也不要了。

当然，这个奖也说明了一件事，我们这个团队，是一个心中有梦想、胸中有灯塔的团队。We are one。

说到灯塔，是我对创业梦想这个词的总结。因为我觉得，仅仅是有创业梦想是不够的，创业者需要心中有灯塔。因为创业是在惊涛骇浪中行独木舟，没有灯塔，一个大浪打过来，仅仅靠梦想是没法划到终点的。关于灯塔的解读，我们在拉勾网上的那些介绍，T总弄得非常好，大家有空可以去重温下。而我，更愿意跟大家分享一下创业过程中的惊涛骇浪。

很多同事都觉得，老板是有钱任性。其实不然，为了扛过惊涛骇浪，我平均每天睡眠最多也就五个小时，每一刻脑子都不停地过公司的每个细节，甚至产品功能、商品体验，甚至连一个商品不干胶印成什么样，我都要出谋划策。当然，今年我们就碰到了一个巨大的浪。

做必要之初，我当时很自负，我想像我这个年龄的互联网人，或者我百度同期的同事，大都已经退休了，没人干脏活累活，那我就一脑门子进到制造业去，把脏活累活先干了。至于流量，反正我是干互联网出身的，流量这个事儿肯定不是问题。等花几年时间把供应链底子打好了，我再回来搞流量。

在2018年以前，我就没有系统性地思考这个问题。结果在2018年年初，按照我的老套路，必要花了上亿元去做传统广告，砸下去却没有听到半点儿响后，我就崩溃了。原来，这个时代的流量玩法，已经不是我那个年代的玩法了，我已经OUT了。

整整三个月，我进入了极度的不自信和迷茫的状态。每天晚上失眠，戒了几年的烟又复吸了，因为嫌弃我抽烟，老婆孩子把我赶到书房去睡沙发。

虽然这样，我没有怕，我算了算我们账上的钱还能花好久，而且必要可以做到随时盈利。就算我找不到流量的解决方案，我们手握中国顶级制造业资源以及相应的管理规则，早晚我们靠口碑也能长大。

我太太当时给我的评语是：很淡定但很抑郁。是的，如果有一天你们单飞创业了，我给大家的建议就是，先把让自己淡定的事情做好，否则，创业路上，每天都是抑郁。

让我淡定的，就是我心里的灯塔。我曾经跟必要的一些同事分享过心里的这个灯塔：中国电商，都以为是红海，没有机会了，而在我看来，只有必要的模式，才能在红海中创造蓝海。这个蓝海，就是信任。

这个蓝海，就像光头凯叔所说：老毕，我一个大男人，每天上午十点就要打开必要刷上新，我是不是不正常了？

这个蓝海，就像百度原华南区总裁刘计平所说：老毕，我又回国啦，给我催催我那批订单，我带回纽约。他在纽约有个巨大的豪宅，但是为了置办日常，经常回来背着必要的商品回去，我让客服丹姐亲自对接。

这就叫信任。只有信任，才能让必要创造出中国电商的蓝海，这才是必要的！被信任的感觉，真的很好。你们知道吗？很多不能透露姓名的首长家属，也都是必要的用户，是不是很拽？

而这个，将是我们所有努力的灯塔。这个灯塔，是20年中国电商没人做过的。其他电商，再大都只是卖货的，我们再小，也是让用户信任的。勿以善小而不为，更何况，如果我们把2亿白领用户都侍候好了，这件事是个天大的事儿。

于是在这个淡定的定心丸基础上，我继续思考，继续抑郁。

直到今年（2018年）4月17日，总监述职会前，我突然想明白了流量理论，我在这个会上跟大家讲了我的理解，才有了我们现在这些并行的项目，才有了我们这么多的同事在拼加班，赶进度。

但是理论归理论，实际归实际，每个产品的上线，带来的就是我强烈的反思，反思过后再通过数据、协作、分析、推演，来升级产品。本来，我想给每个同事讲一遍这个理论，但是我发现讲不清楚，因为市面上说的裂变、社交都不对，这其实是一个全新的理论。

所以，我在写一本书。在这本书里，我将通盘写出我的理解，我也想带着我们的产品、运营、供应链同事，成为真正的高手，这是我喜欢干的事儿。

4月份之后，我们产品、运营策略处于急速变化当中，而这个变化，就是快速修正的过程，是个水多加面、面多加水的过程。这个过程，可能是个暗涌，可能是个大浪，也可能是17级的"山竹"台风。但是因为心里的灯塔在，我们一直在曲折中前进，我们一起在学习，一起在成长。心中有灯塔，便能不误芳华。

幸好有你们，我才能这么任性。

幸好有灯塔，我们才能这么劈波斩浪。

T总让我定个2019年的必要关键词，她说2018年的关键词是"信任"，大家都写在大脑皮层里了。那2019年呢？其实，我想得很简单，一个企业，关键词不能变，灯塔不能总换位置，但是我们要把2019年的关键词再升级一个版本，让我们把这个灯塔建得更高，光线更亮。2019年，我们要让超过500万新用户信任必要！这就是2019年的关键词！信任，将是这家公司永恒不变的关键词。

感谢这个时代，能让我有幸与各位一起成长。

感谢心里的灯塔，能让我们创造真正的价值。

感谢所有电商同行，能让我们有机会为用户创造信任。

第三部分

后记——"留量"

"留量"理论初思考

其实，我从春节前就开始筹备这本书的撰写，中间几经改稿，经过几个"不说人话"的版本，后来我决定全部都删了，扔进垃圾桶，决定用"人话"来写这本书，这样让大家读（抄）起来更加顺手。终于，到了2019年5月份，我才把相关的实战案例给写完了。

本书虽然写的是流量，但是我负责任地说，光有流量是不行的。流量只是一个过程值。惊不惊喜？

在一个商业平台的经营过程中，我认为，有四部分要并重：

第一，商品和性价比（供应链）。

第二，服务。

第三，流量。

第四，留量。

最核心的，其实是第一和第四，这两部分都在本书的自序和开篇中说得比较透彻了。关于第四部分，是我在和必要的投资人聊天过程中给投资人洗脑的。这个洗脑除了防止他们整天追着我问营业额之外，其实我也跟他们同步了一个看项目的投资误区：不要唯GMV作为评判一个公司的标准，同时，唯GMV是完全错误的。我们回到文章开篇所列的一个Cohort数据格式，一个商业平台的GMV，大家可以回头再看看这张图形。

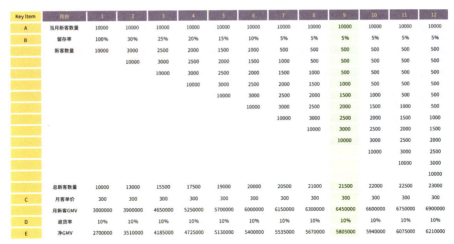

Key Item	月份	1	2	3	4	5	6	7	8	9	10	11	12
A	当月新客数量	10000	10000	10000	10000	10000	10000	10000	10000	10000	10000	10000	10000
B	留存率	100%	30%	25%	20%	15%	10%	5%	5%	5%	5%	5%	5%
	新客数量	10000	3000	2500	2000	1500	1000	500	500	500	500	500	500
			10000	3000	2500	2000	1500	1000	500	500	500	500	500
				10000	3000	2500	2000	1500	1000	500	500	500	500
					10000	3000	2500	2000	1500	1000	500	500	500
						10000	3000	2500	2000	1500	1000	500	500
							10000	3000	2500	2000	1500	1000	500
								10000	3000	2500	2000	1500	1000
									10000	3000	2500	2000	1500
										10000	3000	2500	2000
											10000	3000	2500
												10000	3000
													10000
	总新客数量	10000	13000	15500	17500	19000	20000	20500	21000	21500	22000	22500	23000
C	月客单价	300	300	300	300	300	300	300	300	300	300	300	300
	月新客GMV	3000000	3900000	4650000	5250000	5700000	6000000	6150000	6300000	6450000	6600000	6750000	6900000
D	退货率	10%	10%	10%	10%	10%	10%	10%	10%	10%	10%	10%	10%
E	净GMV	2700000	3510000	4185000	4725000	5130000	5400000	5535000	5670000	5805000	5940000	6075000	6210000

GMV 的成因数据图（表格中数字均为假设数据）

这张图形中，A 是本书讲的流量部分，C、D 由供应链和服务决定，E 是最后的结果 GMV，而 B 才是核心，就是本部分所讲的留量，也是整个 GMV 结果的重要 Key 值。

而决定这个 Cohort 的结果的核心数字，其实是这个后记里讲的"留量"部分。这就回到了日常运营中所讲的"为了提高留存而做的用户生命周期管理——CRM"部分了。

Cohort analysis，队列分析，长相如上图。整个 Cohort 和 GMV 的关系，其实是"春播桃李三千圃，秋来硕果满神州"的关系。

但是，传统思维所讲的 CRM 也是错的，传统的 CRM 生命周期管理的时间轴是这样的：

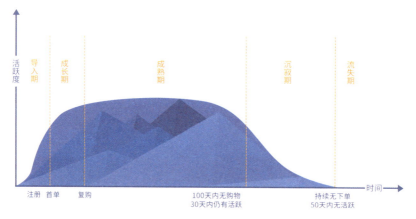

生命周期管理样图

　　我曾经看过一组数据，一个人平均每天被浏览和主动浏览看到的消息，大约在1000条，一个购物平台的使用过程中，用户随时会被这些信息阻断引走。2019年春节期间，我在写这本书的时候，隐约感觉到传统的CRM理论是错的。但是错在哪儿了，我也不知道。

　　必要这五年，从来没有在CRM上下功夫。对于用户，我本着"你来就来，不来我也不打扰你，来了包你满意"的佛系心态在经营。必要可以说是一个异类，用一个案例可以说明，五年来，必要的用户没有被发过一条骚扰广告短信。

　　传统电商都是以30天为纬度去管理用户流失的，我猜这个理论是中国电商从亚马逊学的。我隐约感觉在当下信息爆炸的时代，这个时间应该在一周之内。

　　当春节期间的某天，我意识到可能传统的CRM时间理论无效后，我抓住必要负责大数据分析的同事做了一个必要用户流失的曲线图，数据出来后我被震惊了。然后我找了几个同行的相关数据，曲线图惊人地吻合一致，用户流失根本没有七天，而是三天，仅仅三天。如果不去采取好的策略，用户就走了，真是网萧萧兮易水寒，壮士一去兮不复还！

我从小的性格比较执着，这个数据出来之后，我觉得还不对，于是我让数据工程师继续追踪，继续缩短时间单位到秒。

可怕的数据出来了，表面貌似三天的数据，其实隐含的时间是，在这三天内，所有离开你APP的用户，一大部分其实离开你APP五秒后就再也不回来了。

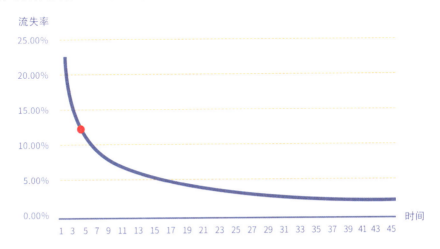

必要和其他电商用户的行为流失数据

原本以为解决了流量问题而治好了抑郁的我，又打开抽屉吃了片劳拉西泮，又睡不着了。

因为这个"留量"下，即便我完美地解决了"流量"难题，还是没有挖到最根部。

这个时代，用户跟你的关系就像《世界都变了》歌词里所说：这世界都变了，我们也变了。从熟悉变得那么陌生，纵然情谊浓，离别不相逢。

2019年4月的某个周二，经过两个多月的研究，我又给必要的管理层做了一次培训。这次培训的主题是：CRM（Consumer Relationship Management，客户关系管理）已经过时了，我们应该去关注 CRB（Consumer Relationship Building，客户管理建设）。基于这个理论，我做了小范围的样本测试，效果出奇地好。

但是由于这不像本书中讲的那些经过了大范围全局式验证过的流量案例，所以本书中我就不把它拿出来当案例了。等必要再摸索一段时间，这个时间在6个月以后，等必要把所有的坑都蹚过一遍后，我再拿出来跟大家分享。

　　总之，原来所谓的RFM模型[1]早就过时了，不知道中国第一个从美国抄来做电商CRM的人是谁，一个概念就开始在中国电商领域里分裂出若干个人，这若干个人抱着上世纪的一个概念在研究当下的用户行为。我准备内部把它升级成WRFM模型，移动互联网时代，你一定要知道用户大概是谁，才能去看RFM，否则，就是瞎闹。

　　这部分我准备不写书了。这次写书真是一时兴起，结果毫无经验，经历了太多的不眠之夜和出版社的催命，太熬人了。

　　在这里简单说几句，我们做了一些尝试性的验证，数据还是不错的，但是在本书出版的时候没有大规模数据验证，所以我就不把数据案例拿出来了。

　　在移动互联网时代，我认为，用户生命周期得从平行宇宙的假设开始说起。

　　在互联网时代，每个用户面临的每个平台，都是一个无穿越成本的平行宇宙，指尖一点，迅速穿越。在这个时候，我们假设，每个平台的运营者都是在每个平行宇宙做"公寓租赁"的运营者，之所以说是租，是因为用户对每个平台的感情其实都是很浅的，平行宇宙的转换成本是零。

　　那么，作为必要这个宇宙的经营者，我要想让用户租我的房子，首先房子要好，也就是Cohort图形中说到的C和D，品质好、性价比高、服务得好。本书中用了比较大的篇幅公开了我的日记，在这里就不再赘述。

　　而一旦做好了，用户就有了选择必要这个宇宙的基础理由。但是，还没有让用户"留下"的理由。于是，我就需要花时间在这个公寓社区里打造游泳

---

　　[1] 指Recency消费、Frequency消费频率、Monetary消费金额，是衡量客户价值的重要指标。

池、健身房，甚至是会所、食堂。而这些，只是让用户留下的浅层理由。在必要内部，我们把这些设施统一称为"品类规划"。那么房子好，基础设施好，是决定用户留下的"必要条件"，而用户留下，还要有"充分必要条件"。

有娃的朋友们一定知道，一个学区房是多么重要！那么对于必要，学区房就是必要的"专属供应链计划"。必要所有品类是独有的，也就是说这个商品是用户刚需的，且品质、性价比只有必要能做到最好。这个也是必要品类规划中"升级"规划的一部分。

第二个"充分必要条件"，用一个成语来解释，就是"孟母三迁"。千金买房，万金买邻。来你这个宇宙的用户，如果产品好，服务好，又有学区房，性价比又高，同时，这些用户的好朋友，甚至各界精英都住在这里，那么，用户就不舍得搬走了。这就决定了这个Cohort中讲的B，"留量"比例也就会提高。所以，我才说不能叫作CRM，应该叫作CRB。因为到时候让用户留下的，不是你的"手段"或者所谓的"运营技巧"，而是用户"我不舍得走"。因此在必要内部，我们把FRM模型升级了，升级成了WRFMS。也就是说，一定要通过大数据计算，大概知道用户的基础画像，他是谁。同时，又把这里的F从传统的古典算法中的几个月时间切成了三天，又通过用户同意的方法，分析出用户的S，也就是他的社交关系，形成一套精准动态的用户数据库。每天这个数据库都在变动，而这个时候，根本不需要什么运营手段，用户就会留下来。因为，这里让他快乐。

"留量"理论再续

接着上一节的相关基础分析，我们同样在做数据分析推演之前先讲下几个场景定义。

多种触达通路的灵敏组合

传统电子商务时代，"用户召回"的手段最早是EDM（Email Direct Marketing，电子邮件营销），美国现在很多的电商平台至今还在用这个原始的手段。Anti-EDM系统（国际反垃圾邮件组织）提供多种工具用于拉黑一些发送垃圾邮件的邮箱地址。

而在中国，因为99%的网络购物用户基本上都在移动端，所以Email召回已经是20世纪的事儿了。

而通过手机触达的，只有短信和APP Push这两种主要的途径，当然还有小程序、公号等Push触达通道。但不能忽略的是，"用户召回"应该是多种触达通路的有效组合。

在多种触达通路下，电商应该优先选择微信体系下的触达通路，因为在IM系统下，触达场景会非常顺滑。其次是APP Push，但是APP Push会被很多用户关掉。然后是手机短信，在中国，随着微信的普及，手机短信会被用户当作"垃圾短信"进行处理。所以这一步要慎用。

必要上线四年多，没有给用户发过一条短信，不是说我们不想发，而是我要思考在不打扰用户、让用户主动接受的条件下，去触达用户。我要考虑清楚用户召回的每个环节，包括触达用户的内容、点击跳转、免打扰时间等才能去做。这个系统我们整整做了半年，现在我认为还没有完全做好。

充分洞察用户内心的信息组合

移动互联网时代，电商用户的衰减速度是：因某种干扰离开APP五秒后，很难再回来，24小时后这种衰减就会呈现断崖式下跌的趋势。我把这种现象称之为"社交阻断"。

因为在人的内心中，会将手机接收的资讯，分为三类：

第一类叫作Private information（私有信息），这类信息用户永远不会忽略。例如银行账户变动通知，这种短信用户肯定会看。相对于电子商务平台，用户的Private information就是订单信息，而订单信息对于吸引用户关注度（打开订单信息通知，否则收不到订单信息）的关切程度，低于银行类信息。

第二类，我把它叫作Social information（社交信息）。我这里想说，社交信息即是电商平台用户流失的毒药，又是用户召回的良药。这部分我只是在理论层面想清楚了，但是因为实操上没有数据，这里就不再赘述。这类是非常高频的信息。现在中国用户的微信普及率几乎是100%，微信信息大部分用户都会及时查看。做了快20年的淘宝的周均打开率远远低于做了几年的社交软件探探，原因就是用户对社交类软件的关切程度非常高。因为社交网络就是现实生活中社交关系的在线化，且因为更便捷，所以更高频，拥有更多通路。

我曾经看到过一篇报告，说每个人每天接触到的各类社交信息（含强迫症一样刷朋友圈）会超过1500条。假如你在某个网络平台上正在购物的过程中，还未付款，朋友给你发了一条微信，大部分人会直接点开微信开始交流。而这个时候，购物行为就被阻断了，而被阻断后的很多用户大概率就不回来了。这就是我说的阻断。但是社交信息既然能够阻断，其实也能够唤醒。如何利用社交信息唤醒召回用户，这部分我还在思考中（但坚决不是用微信群或者朋友圈卖货）。

第三类信息，我称之为广告。任何一个短信，包括你自以为是的平台活动短信，其实在用户心里，都是广告，或者叫作"垃圾短信"。所以这部分不用考虑了，除非是用户的社交或者私有信息，平台主动发送的营销信息，就别做了。

用户分簇

今年第二季度必要成立了CRB团队，我给团队的目标是"关爱用户，不打扰用户""将用户细分到每个人"，行为细分到"每一秒、每一次"。但是，用户该怎么分呢？本着把事情做得像针尖一样细的原则，必要将用户分成三类：

第一类，就是第一次访问必要的用户，我们称之为新访客。这个新访客一旦发生购物行为，且没有退款，我们将其定义为老客。

第二类，老客。凡是在必要购物过的用户，我们将其定义为老客。而老客，又通过WRFMS模型，千人千面模型，分成一个个簇。当然，还有这个用户的习惯、购物时间等大概有几百个Tag（标签）。

第三类，老访客。凡是访问过必要，且没有购物过的用户，均称之为老访客。而因为老访客没有购物过，所以只能够用WRFS模型来分簇。

所以，每天访问你平台的人里，其实包括如下组合：

当时新访客+老访客（其中老访客又分为-1,-2,-3……-N天前访问过的）+老客（其中老客又分为-1,-2,-3……-N天前访问过你没购物今天再次复访的）+老客（其中老客又分为-1,-2,-3……-N天前访问过你有购物但是今天再次复访的）。

这是用户已经发生的行为。

而每个用户从他第一天获客变成老客后，平均12个月贡献的毛利，我们把它定义为LTV（Life Time Value，年度用户价值）。如果LTV大于UAC（User Acquisition Cost，用户获取成本），那么，你这个平台就可以放手干了。这个基础有了，其实你根本无须关注获客成本，只要有了这个数字，奔跑吧，兄弟！

而UAC的构成，除了本书主要讲的新客指数外，主要包括如下内容：

A：新访客当日转化率；

B：老访客当日复访率；

C：老访客当日转化率；

D：老访客次日、2日、3日、4日……N日复访率；

E：老访客次日、2日、3日、4日……N日转化率。

上述数字的提高，是能够非常明显地降低UAC的。UAC越低，你的基础就越好。这也是我写这本书的最早的出发点。

而提升LTV则包括：

A：老客当日转化率；

B：历史老客当日复访率（1日前、2日前……N日前）。

而当把这X类用户详细拆分到簇以后（可以以AppSession次数计算），再辅以WRFMS或者WRFS模型，再辅以日千人千面，会得出无数个数据矩阵。

这样，人就清楚了，监测指标也清楚了。

数据预测与推演

有了本书讲的供应链，流量理论，以及本章讲的用户管理模型，既能提高用户主动回流，又能提高用户的被动回流。

本节的前三部分，我们清晰了人群，也就是目标，监测与数据分析手段，触达用户的通路，用户的信息场景等这些数据后，就可以运营起来。而通过运营数据，就会得出一个数据推演系统，以过去的历史定量值和变量值，分清楚这三种类型用户的作用，把他们的行为变成输入值，你会看到某个数字例如"老访客次日复访率的提高"，就能推演出整个平台未来12个月的营业额、规模、客户数量、增长、利润等各种未来值。因为人已经分到个体，时间已经切分到秒，所以，这个未来预测数据的精准度会变得非常可信。如果企业管理经营者有这样的一个预测系统，战略节奏和节点把控就会很到位。这就不仅仅是本书讲的流量或者"留量"问题了，而是企业经营层面的问题。创业压力大，压力来自对于未来的未知。如果对于未来，你能提前知道了误差偏差不大的趋势，就能帮很多同行创业者减压。健康是一切。

必要从成立以来，一直是佛系经营，没有在"留量"这件事上做任何工作。因为这是我认为我们经营战略火箭的第三级（第一级供应链，第二级流量，第三级留量，第四级提速）。

必要的"留量"工作从2019年7月份开始启动，300人All in这一个项目，数万条数据节点、用户行为分析等，总共不到两个月的时间，开了18次会议，每次会议平均时间4小时。部分样本数据测试超出预期，该项工作在2019年8月底看到了明显数据变化，然后进入正常的全链路增长模式。

这个项目涉及的数据，数万个Item，几千种表单，各种函数推演（也包括我最喜欢的贝叶斯函数），没办法印到书上，而且也没法让大家下载（因为各项数据库的关联关系复杂，实在没有精力写了）。我只能请这本书的读者如果有空，来必要看看，我们会打开后台，毫无保留地给大家看。

每个公司的业务模式不大相同，但是各项用户的行为、逻辑不会有差别。

最后再提醒几句，所有的电商从业者，流量不是一切。假如你的LTV是10000，你UAC9000都不用怕。供应链、服务——为用户创造的"信任"才是核心，而"如针一样的细节"的组织运营能力和团队步调一致的能力，将是你所有为用户用心的放大器。

所有的电商行业的投资人、从业者，也要走出唯GMV大小论的误区。正确的方式，应该是用市场营销指数来衡量一个公司是否健康，这个市场营销指数的算法是同期市场费用除以GMV，这个数字逐渐变小，说明这个公司营销效率在上升，越小越好。企业管理者，所有投资人，不应该怕流量成本高、营销花钱多，而应该怕市场营销指数高。

如果张三100亿元的GMV，实际花了200亿元市场费用，但是李四10亿元的GMV，花了1亿元的营销费用，唯GMV论，就会认为张三比李四有价值。其实，李四价值更大。如果不看市场营销指数仅仅看GMV，就会造成投资或企业决策的误判。

必要还有一层更细的管理维度，就是每个季度回顾市场费用除以活跃购买用户数，这样管理更细。

还有，不要偏信哪里流量大，对你是没用的，因为那叫作曝光，不是流量。

上述经验，供大家参考。与时间做朋友，但行正道，静待善报。所有的"流量"和"流量的基础"，都是"为用户搭建信任底盘"。我把《财经》杂志对必要的封面报道《改造中国制造》作为本书的附记，供大家参考。这也是我非常值得骄傲的部分，因为没想到自己的一股创业情怀还能为这个国家做点小事（再次感叹隔行如隔山，《财经》杂志记者的文笔跟我的数学一样好，我的文笔跟我十岁儿子的数学一样差）。

改造中国制造[①]

"立国之本、兴国之器、强国之基"，这是中国国务院对制造业的定位。2010年，中国制造业总产值超过美国成为世界第一。近年来，集成电路、数

[①] 本文为2019年4月29日的《财经》杂志封面报道。《财经》杂志副主编马克和记者马霖、吴琼历时近一个月，采访了必要商城在云南、广东、杭州、江苏等地的合作伙伴，本文作者、《财经》杂志记者马霖、吴琼观察到：站在国际大品牌背后的中国工厂，正撕去"代工"的标签，从幕后走到台前，用柔性生产的方式直接与消费者对话。能有如此变化，互联网功不可没。

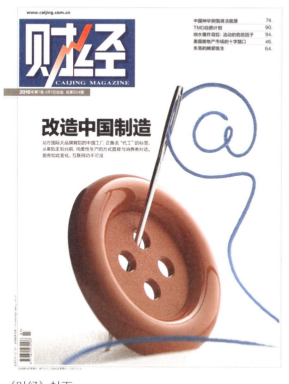

财经
CAIJING MAGAZINE

2019年第7期 4月1日出版 总第554期

改造中国制造

站在国际大品牌背后的中国工厂，正撕去"代工"的标签，
从幕后走到台前，用柔性生产的方式直接与消费者对话，
能有如此变化，互联网功不可没

《财经》封面

控机床、航空航天、生物医药等高端制造获得空前重视。相形之下，中国制造的基座、曾为中国赢得"世界工厂"称号的那些产业，服装、鞋帽、箱包、玩具、日化用品等，处境却日益艰难。

耐克、阿迪的影响力并不亚于波音空客，中国的所谓"中低端制造业"有着广阔的升级空间，也应是"立国之本"的一部分。它们崛起于20世纪90年代，中国加入WTO后爆发式增长，2008年金融危机之前，这些产业的过半订单来自加工贸易，企业只要埋头制造即可，本质上只是国外大牌公司的生产车间。时移世易，2017年，加工贸易占进出口总额的比重，已由峰值期的接近六成，下降为不足三成。对代工企业而言，这意味着一半订单消失了。

当企业不得不自己面对市场时，他们发现眼前有三座大山：没有品牌，没有渠道，不知该如何与消费者沟通。这些事情过去都是他们代工的客户来做的。但他们也有优势，就是制造能力，那些光鲜亮丽、价格昂贵的大牌商品，原本出自他们之手。作为世界工厂，中国的优质制造工厂数量众多。

第一代电商相当程度上解决了他们的渠道需求，但当这些大平台变成坐拥百万卖家的巨无霸时，后来者要想获得一片立锥之地，就需要付出销售额的四成左右，这是一个无法承受的代价。

市场环境也在巨变。无论国内国外，消费者需求都更碎片化，变化也更迅速，百万十万的大订单不复存，几千件的订单就是大订单。同时交货周期在缩短，过去几个月，现在几天就得交付，否则就会错过市场窗口。

就国内市场而言，经济总量剧增的同时基尼系数也在扩大，这让消费升级和消费降级两种现象并存，对商家而言，没有贵贱，都是商机。拼多多就抓住后者一跃而成中国第三大电商。

2018年，中国人均GDP接近一万美元，已属中上等收入国家。其中京、沪、穗、深四个一线城市，杭州、南京、武汉、长沙、天津、青岛等13个二线城市，人均GDP超过或接近两万美元，这意味着中国有两亿左右的人口，已经越过或接近发达国家门槛。他们买东西不再只图便宜，但也不是土豪式消费，而是更高性价比的、有品质的消费。

这样的趋势，让品质电商应运而生。他们都致力于将优质制造能力对接给消费升级群体，但做法各有不同。

对那些不满足于换一个代工对象的制造企业而言，必要商城的C2M平台模式吸引力更大。C指消费者，M指制造。必要提供渠道给制造商，不仅是销售渠道，还是自主品牌渠道，必要同步C端数据给M端，解决了他们长期以来无法直面消费者的痛点。更重要的，C端的数据倒逼M端对生产线做柔性化改造，这是国际大牌也梦寐以求的能力，因为这正是市场的需求所在。

听上去很美，事实是否如此？今年3月，《财经》对必要商城的供应链做了深度调研。

从幕后到台前

"做制造业的，总有一颗做自己品牌的心。"在放满牛仔裤的工厂开间办公室里，钟永强对《财经》记者说。

钟永强是亚洲最大牛仔裤制造商宝发纺织服饰的董事长。他1992年起经营牛仔裤工厂，最初厂子建在老家澳门，2005年迁至一水之隔的广东江门。这个占地150亩的园区支撑着Calvin Klein、Diesel、Levi's等知名品牌的牛仔裤生产需求。

从宝发的园区向东驱车一个小时，就是格力电器在珠海香洲区的总部。比宝发早一年成立的格力做代工起家，如今已经是中国家喻户晓的电器品牌。宝发产品总监罗洪伟会不无骄傲地告诉来访客人，"我们隔壁就是格力电器"。羡慕之中，宝发从格力身上看到了品牌的力量。

钟永强不是没有尝试过自己做品牌。早在2008年，钟永强就在电商平台上卖过自己品牌的牛仔裤。但因为不擅长买流量等互联网玩法，他没能成功。2012年至2014年，他再次挑战终端零售。在那个O2O概念火热的年代，钟永强却跑到北京开了五家线下店，结果又以失败告终。

2015年，钟永强面前又出现了一个新的机会：新兴电商必要商城的创始人毕胜邀请他在必要商城上卖牛仔服，钟永强很快就答应了，他在这个新的平台上推出了Timeable品牌，成为最早入驻必要商城的四家工厂之一。

毕胜的必要商城当时也才创立不到一年。"大牌品质、工厂价格"是必要的招牌语。意思是消费者能用低得多的价格买到大品牌背后优质代工厂的同样品质的东西。毕胜称之为"C2M"，即Customer to Manufactory。

钟永强很快就体会到了不同。以往为大品牌代工时，他们只管生产，并不直接面对消费者。现在宝发的工作人员要时时关注细节：中国消费者和西方消费者的身材有别，许多服装品牌往往一批牛仔裤既在国外卖，又在中国卖，在必要商城上，宝发会根据消费者的身型，制造更符合中国消费者身材的牛仔裤。

随着必要订单的增多，宝发发现自己越来越了解消费者了。他们不断尝试打造爆款，及时下架不受欢迎的款式，响应市场的速度越来越快。"我们从未像现在这样真切地感受到消费者的气息。"罗洪伟说。

2018年，宝发在必要商城上的销售额是3000多万元。虽然这只占工厂6亿元总营收的很少一部分，但从2015年至今每年增长逾20%。

化妆品公司广州栋方股份董事长唐新明也有一颗做自主品牌的心。化学专业出身的唐新明1992年来到广东打拼，数度创业，一直在洗护与化妆品行业奋斗，在原料、供应链、技术上积累了丰富经验。栋方也成为欧莱雅、联合利华等多家国际大牌的供应商。

和钟永强一样，唐新明也曾试图打造自己的品牌，也没能成功，零售渠道是他无法解决的问题，于是他专注于制造和设计环节。"我们的积累一直没有渠道去跟消费者对接，价值无法充分实现。"

2016年9月14日晚，必要商城分管供应链的合伙人成建勇正要从深圳登机返京时，被唐新明电话"截机"，当晚11点，成建勇赶到广州，与唐新明一直聊到次日凌晨4点，让栋方成了第一个入驻必要商城的化妆品企业。

2016年年底，栋方的Fewruer品牌开始出售，到2018年销售额已接近1亿元，占栋方集团全部营收的1／10左右。比例虽然不高，但唐新明认为"这代表未来，是方向"。

包括服装和化妆品在内，必要商城上有21类商品，它们中的大多数有一个共同点，就是生产端与消费端之间环节多，利润大头被中间环节拿走，生产商所得有限，消费者也难得实惠。成建勇的团队有一套选择行业和合作工厂的标准，其中很重要的一点就是消除中间环节的空间大不大，这决定了制造商和消费者的获益空间大不大。

眼镜行业就是这样一个典型。"在眼镜店里，一副近视眼镜要上千元，每次买完眼镜走出店门都有挨宰想骂人的感觉。"消费者刘志刚告诉《财经》记者。他并不认可传统眼镜店的配镜服务。受朋友推荐，刘志刚2016年在必要商城上购买了第一副近视眼镜，2018年买了三副，今年3月又下单一副，他已经成为必要商城的重度眼镜用户。

中国眼镜行业最大的痛点是零售价格高，好点的近视眼镜价格动辄几千元。因为价格高，配镜不方便，很多人都不会定期验光，配镜频率低，许多消费者也不去购买价格更高的抗疲劳、抗紫外线、带度数墨镜等功能性眼镜。

正是看到了眼镜行业的这一痛点，2015年年初，毕胜找到视悦光学，希望其入驻必要商城。

视悦光学是全球最大眼镜公司法国依视路的镜片提供商和子公司，所在地江苏丹阳是中国镜片之都，全球50%、中国80%的镜片都出自这里。

起初，做惯了代工的视悦对毕胜的邀请并不感冒，和充分竞争的服装行业不同，中高端光学镜片是个寡头垄断市场，依视路是其中最大的寡头，为其代工的视悦日子也挺舒服。但是，毕胜和成建勇一遍遍地来访之后，视悦留学英国回来的80后"少东家"王翔宇动心了。并与毕胜成立了一家合资公司必看科技，推出"必然"这一眼镜品牌，并投资全新的装配线，专门负责必要商城的订单。为显示诚意，合资公司最初的运营资金由小股东毕胜提供。

王翔宇也非常清楚中国眼镜行业有巨大效率改善空间，他对《财经》记者分析道，一家线下眼镜店平均每天的配镜数只有两三副，而店面租金、导购和验光师等费用都很高，导致线下眼镜店加价率很高。近视眼镜虽是刚需，但价格这么贵，消费频次就低，明明该换镜了，许多消费者也还凑合着用。

必要商城上价格169元的"必然"近视眼镜，如果在眼镜店里按照非品牌产品销售，价格在600元以上，如果贴牌销售，价格高达2000多元，但它们都是视悦生产的，质量其实一样。同样，配置最高的"必然"眼镜一副400元，眼镜店里按照非品牌售卖价格1200元，贴牌售价高达4000—6000元。

"必然"眼镜在必要商城的平均售价是330元。王翔宇的堂妹、必看CEO王盼盼说，必要商城上必看页面的转化率已经从2015年的1%提高到了2018年的10%，即每一百个浏览页面的人中，有10个人下单。复购率也不断上升，2018年达到48%，近半消费者在当年购买了两副或更多眼镜。

2016年，"必然"销售额1000多万元，2018年突破4000万元，占视悦总营收的8%，今年预计能达到8000万元。

王盼盼说，就销售数量而言，成立不到四年的必看已经和西南地区最大的连锁眼镜店"千页眼镜"相当，后者成立于1992年，拥有300多家实体店。

从卖镜片到卖眼镜，视悦看到了不一样的风景，回忆四年前的决定，王翔宇说："那是一次有战略意义的布局。"

柔性制造有多难

在接触必要商城之前，视悦光学的生产线已经实现高度自动化，镜片镜架也都是高度标准化的商品，视悦要做的基本上就是另辟一个分装车间满足必要商城的订单。但对于服装行业的宝发和汉帛而言，情况完全不同，如果不对生产线做柔性化改造，就无法对接来自必要的订单。

柔性生产并不是新概念，20世纪末就由美国咨询公司提出。当时大规模流水线生产仍是主流，这种生产方式由福特汽车公司发明于20世纪20年代，特征是通过精细分解流程来提高生产效率和质量，通过大规模和少品种来实现成本最优。自动化和信息化技术普及后，该模式把人异化为机器的弊端被克服，但生产线变得更加刚性，难以满足个性化小批量的市场需求。

柔性生产概念刚提出来的时候，个性化还是零星需求，同时柔性生产又被出于销售目的的技术供应商描绘得高不可攀，因此制造业普遍认为改造生产线得不偿失。直到近年来个性化小批量需求席卷世界，制造业方才意识到，柔性化是一件必须要做的事情。

和众多依靠外贸订单发展起来的中国工厂一样，2015年，钟永强发现，大牌给宝发的订单变得越来越小——10万件的大订单没有了，3000件的订单已经算大订单，几百件的订单成为常态。

同一时间点，中国最大女装生产商汉帛集团总裁高敏也感受到市场"变了天"，大订单正从中国转移到成本更低的东南亚，那里的工资成本仅为中国的1/3，电力成本是中国的一半。2015年前后，每年中国有10%—15%的纺织服装订单流到东南亚。

在行业层面，中国工厂感受到的变化是，订单在变小的同时也来得更快了，"小单快返"成为趋势，品牌商希望通过将订单变小，有需求了再快速追加订单，以降低损耗。

出现这一情况是因为市场需求的变化加剧了品牌商的库存，H&M这些全球大品牌烧掉库存的新闻不时见诸媒体。压力传递到生产端，就是钟永强和高敏看到的变化。

2008年就开始做电商、天天盯着消费端数据的毕胜比做惯了代工的制造企业更早发现趋势的转变。他绞尽脑汁琢磨的是：如何才能终极性地消灭库存？自己干过的、主流的B2C电商模式肯定不行。减少库存就得精准预测市场需求，但在这个需求碎片化的个性化时代，消费需求极难预测，预测需求与赌博无异。

苦思之后，毕胜得出结论：只要是"先生产、后销售"的模式，库存就无法避免，如果将这个顺序反过来，先有订单再生产，就可以实现成品的零库存。想清楚之后，毕胜卖掉了手里的B2C电商公司，2014年开张了C2M新概念电商平台必要商城。

毕胜的盘算是，用新平台的订单给制造端以销定产消灭库存，用优质大牌代工厂的制造能力对接有消费升级需求的新一代消费者，两面受益，自己则抽取比大电商平台低得多的交易佣金，以此吸引制造端入驻。

想法落地的第一步就很难，花了整整17个月时间、飞行数十万千米、喝掉几百斤白酒之后，毕胜和成建勇才招揽了四家制造商入驻必要商城。但是接下来的挑战更大，如何让习惯了一次接一两万件订单、再用一两个月做完这些订单的宝发和汉帛去适应必要商城上一次五十件一百件、一周内就得做完的订单？

宝发的信息化基础不错，2005年就上了ERP系统，稍做调整就可以与必要商城的后台数据打通，据此实时调整生产任务。挑战在于，当订单规模不断降低时，如何消除规模效应下降所带来的成本增加？

钟永强认为，柔性化和标准化的平衡是关键。柔性化意味着变化，变化增加意味着成本增加，对冲策略是把需求端的变化变成生产端的标准化。令人意外的是，实现这一点，宝发并未花大钱做所谓的智能制造升级，而主要是靠对现有生产线做不同的排列组合。

例如，把原来80人一组、100米长的一字形生产线，变成20人一组、15米周长的U字形生产线。牛仔裤的总工序并无变化，产线变化意味着过去一个人做一道工序，现在一个人得做四道工序。这在中国的工厂能做到，在柬埔寨的工厂就做不到。相应的，达到最低生产成本，柬埔寨工厂对应的规模是6000件，江门工厂从3000件降到了1200件，今年还将降到800件。

"所谓柔性化产线，就是对产线进行不同的排列组合以使成本最优。"钟永强如此总结，简单的背后，体现的是工人和管理团队的综合素养。

汉帛的柔性化则是另外一个故事。

"你得对生产线做柔性化改造，具备了柔性能力后，你就能拥有新天地。"2015年夏天，成建勇在北京四季酒店对高敏说。虽然他说得并不顺溜，但高敏还是深受触动。这个80后姑娘留学美国六年，在香港工作两年，2011年父亲去世后回杭州接手家族生意。2015年，汉帛的服装代工订单大批流失到东南亚成本更低的国家，高敏去多元化聚焦服装主业的想法却并未动摇。必要商城的出现对她是一个挑战，也是一个机会。

2016年春，高敏决定与必要商城合作，同时开始改造产线，此后经历了两年的磨合期，从设备改造、到调整生产流程、到更新管理理念，每一个环节都有讲不完的故事。

以往和H&M、Zara、Max Mara等大品牌合作，汉帛一个订单的交货周期是一个半月到三个月，工厂收到订单，在这个时间期限内按部就班去生产就行。必要商城上的订单，从消费者点击购买到工厂发货，周期是7—10天。此外，因为每天都有新订单，工厂每天都需要收集订单来定当天的生产。做大品牌订单时，工人两三个月才更新一次业务，做必要的订单则需要快速响应，每天都有变化，工作内容变复杂了。"以前工人就喜欢缝大单，效率高，天天就一个动作，熟悉一个手势，必要的订单今天100件，明天500件，工人一开始都无法应对。"高敏说。

女装生产是服装品类里最复杂的，汉帛的产品不是工序较简单的T恤、卫衣、衬衫，而是变化比较大的连衣裙、外套、夹克，这些品类仅仅版型就有H型、X型、A型等十几种，要将多变的女装接入柔性生产线，产业链上首先就要做出很多调整。

传统的流水线里，一个款会停留一到两个礼拜，班组长完全有时间去做准备工作，熟悉产线，而必要商城上一天在线的款式有四五十个，对接必要订单的柔性产线上，生产的款式、件数每天都在变化，面料、工序、设备参数也在变。

"那个时候因为没人愿意做厂长，我自己做厂长。"在汉帛集团负责智能制造业务的吴侨辉回忆，"当时产线上的班组长每个月都有人递离职报告，因为新工作方式实在让人崩溃。"

但熬过瓶颈期之后，工人们发现，柔性产线实际上是将自己从固定工位、固定工序上解放了出来，能发挥更多能动性，于是逐渐开始接受新的工作方式。

"柔性能力关键是人的意识要变，否则上再高大上的设备也没用。"高敏说。她认为智能制造首先是流程改造，人、机（器）、物（料）重新组合。过去机器和人都不动，现在机器不动，人动。

协调工人柔性工作的是一台连接在缝纫机上的平板电脑（PAD）。PAD上呈现所有服装款式的生产指令、工序步骤。在传统产线上，机器和工人的位置固定，每个人负责一个固定工序。在柔性产线上，机器不动，工人可以根据PAD上的指令和流程走动，照顾多个工序，可发挥空间大。

服装厂的主要设备是缝纫机，传统缝纫机一千多元一台，欧洲最新款的数控缝纫机一万多元一台，汉帛有一万台缝纫机，都鸟枪换炮的话光硬件投资就得一个多亿。

"不能一句智能制造，就从欧洲买几千万几个亿的设备，买回来大部分功能又用不上。"高敏说。她举了个安徽同行的例子，花了一个多亿改造工厂，实际用到的东西只有40%。

汉帛的做法是不买新机、改造老机。铺设网关网线，把缝纫机接入网络，再在缝纫机下安装传感器采集数据，缝纫机上安装PAD显示数据。改造费一台1000元，运维费一台一年600元，可达到数控缝纫机同样的效果。汉帛一共有一万台缝纫机，目前已改造完毕三百台，今年将全部改造完毕。

"只要生产效率提高3%，改造费就赚回来了，这太容易做到了！"吴侨辉说。

磨合两年后，2018年起，汉帛的工人已经适应C2M生产模式，可以快速完成少至50件的订单。高敏还惊喜地发现，一些流向东南亚的订单开始回流到汉帛。因为包括运动品牌在内的许多大品牌都在找柔性供应链，他们看到汉帛的产线后"都惊呆了"。

因为这个变化，2018年，高敏受邀进入由全球6个核心供应商组成的H&M战略顾问团，此前汉帛与H&M合作27年，汉帛的管理层还从未进过这个顾问团。

"一年之内，趋势就全变了。"高敏说。

柔性制造能力帮助汉帛拿回了国际订单，也为汉帛接到了更多国内订单。2018年，汉帛6个亿的营收中，必要商城订单带来的数字是3000多万，这个数字虽然不大，但柔性需求的增长很快，高敏预计2019年汉帛在必要上的营收会增长30%。包括必要在内的电商订单量将占到汉帛订单总量的20%。但营收并不是高敏最看重的，"跟必要合作，最重要的是它和你一起探索C2M2C的flow该怎么创造"。

高敏和吴侨辉还意识到，汉帛的柔性能力不仅能帮自己，还能帮同行。许多服装企业都看到了柔性生产是未来方向，但如何具备相应能力，他们却无从下手。

"怎样把柔性化需求标准化、模块化，怎样打通人机物的数据流，这两三年我们摸索出很多经验，我们想把它沉淀下来，服务行业。"吴侨辉说。

汉帛为此成立了哈勃智慧云公司，吴侨辉出任常务副总裁。他并不担心形形色色的"数字化赋能者"会让新公司没饭吃，因为"行业 Knowhow，外人不可能懂，不懂你就没法解决行业痛点"。

过去三年，汉帛换了三波外部供应商开发柔性制造系统，但都不好用，最终在供应商的协助下自己做了一套系统。目前，汉帛在上海有一个30多人的工业互联网技术开发团队。

人与制造的融合

江门宝发、广州栋方、杭州汉帛、丹阳视悦，这些拥有优质制造能力的大型中国制造企业，都曾长期隐藏在国际大牌身后从事代工业务，改变他们航道的都是来自北京的C2M电商必要商城。必要的模式，不仅为制造企业提供了新的可能性，也为巨头林立的电商行业给出了新的发展思路。

毕胜的创业之路始于百度。2005年，百度在纳斯达克上市，毕胜实现了财富自由，从百度市场总监的位置上功成身退。当时跟他一起为百度工作的那批中国第一代互联网人很多都进入了"退休"模式，但毕胜"玩三天就开始发慌，玩到第三个月开始生病，紧张、焦虑，感觉时代把我抛弃了"。

不想退休、不想再给人打工、也不想去做投资，毕胜只有创业一条路。2008年，他看好电子商务方向，创办了乐淘网。

中国的电子商务发端于20世纪末。彼时信息化技术水平低、C端网民基数少，电子商务的主要模式是协助中小企业进行B2B外贸交易，帮企业减少交易采购的成本，节省中间费用。

1999年，阿里巴巴、8848、易趣网、当当网相继成立，第二年，慧聪网、卓越网成立，第一批从C端吃螃蟹的人如雨后春笋般冒了出来。2003年，阿里巴巴旗下C2C网站淘宝网上线。在接下来的几年中，eBay易趣合并，京东、腾讯拍拍相继上线，中国电子商务开始稳步成长。由这批企业奠定的B2C和C2C模式压缩了原有产业链中复杂多层的经销环节，使企业和个人自营商家得以直面消费者，在降低企业成本的同时给消费者提供了更为低价而多元的选择。

2009年，3G正式商用，网购用户破亿，苏宁等传统企业也纷纷入局，与此同时，唯品会、聚美优品等垂直电商开始探索新模式。毕胜的乐淘网也在这个阶段入局，选择的领域是鞋类垂直电商。

2011年，电商领域风生水起，一派繁荣景象。毕胜却陷入了迷茫。乐淘网营收日益增长，利润却持续为负，无论怎样努力都无法盈利。那年年底，他抛出"垂直电商就是个骗局"的言论，一石激起千层浪。

由于物流、仓储、流量获取等成本的存在，垂直电商的成本甚至高于线下。但是，"流量为王"的说法大行其道，各大平台跑马圈地抢夺流量人口，价格战不断爆发，线上必须比线下便宜。结果就是流量越大，亏损越大。

只有把"先产再销"的B2C模式，变为"先销再产"的C2M模式，才能消除库存，实现盈利。2013年年中，毕胜想通了整个逻辑，果断卖掉乐淘，2014年创办了必要。

毕胜不喜欢被人称为电商，新型电商也不喜欢。他认为必要商城是一个"人驱动生产的平台"，但是为了消费者理解，用户端不得不用电商的形态表现，人就是消费者，消费者的需求通过必要平台传递给优质生产商，驱动他们的生产。

"我们5年就做了一件事：把大牌品质用工厂价格对接给消费者。"毕胜说。

必要商城上的商品采用成本定价法，商品价格=BOM价格（原料、人工、工艺）+物流费+工厂毛利+平台扣点，其中，平台扣点固定为售价的15%，商城页面上的商品按照用户评价排序，工厂不需要买流量打广告来竞价排名，入驻成本不到大电商平台的40%。

此外，必要将每个品类下的供应商数量控制在2到3家。与拥有上百万卖家的电商平台相比，供应商面临的竞争压力小了很多，也不必费心参与名目繁多的促销活动，只要专心做好产品即可。

同样的逻辑也被运用在品控方面。和别的精品电商自建庞大的品控团队，商品质量却屡屡失控不同，必要作为平台，采取的是"管住两头，放开中间"的品控策略。

一头是入口。入驻必要商城需要满足56条标准，包括"必须服务过国际一线品牌""必须具有独立产品开发设计能力"等，任何一条不满足，就无法入驻必要商城。

另一头是出口，即消费者。最后一道品控关掌握在消费者手里。在必要商城上，凡是差评率超过0.75%的商品，都会强制下架。据成建勇介绍，必要会对每一条差评复盘，先排除针对物流等非质量问题的差评，再通过用户的购买记录和日常评价排除恶意差评，剩下的差评都会被计入差评率中，一旦触及0.75%的红线，系统立即自动下架。曾经有一家生产服装的工厂，几次将质检用的针检仪落在了衣服里，用户的差评率超过了0.8%，这家工厂的产品全部下架，工厂老板急了，跑到毕胜北京的办公室理论，最终还是无奈地接受了这个处理。

中间生产环节，必要放给制造企业去做。"我不可能比老钟（永强）更懂怎么做牛仔裤，正如他不可能比我更懂写代码。"毕胜说。

必要重构了工厂和渠道的利益关系。在传统的商业环境下，从工厂出来的产品经过一级经销商、二级经销商、零售店和用户，中间经过了太多环节，信息传输过程中的误差和每个环节之间的利益冲突产生的额外成本，最终都需要消费者来买单。中国有好喝的咖啡、优秀的梭织工厂、符合全球环保标准的牛仔裤工厂，问题是如何让这些工厂直接为消费者服务。

传统的模式是"谈生意"，要么是品牌方批量采购、贴牌销售，要么是天猫、京东等电商平台提供入驻经营的机会，前者无法满足优秀的工厂走到台前的愿望，后者平台上有超过100万的卖家，对于已经错过红利期的工厂而言，只有花费巨额的营销费用才有机会脱颖而出。而一些其他的精品电商，本质上与找工厂代工的大品牌没有本质区别，工厂依旧是做贴牌，无法获取来自消费者的信息，平台自身也为库存所拖累。

必要的方式则是跟工厂一起探索生产流程的优化。不论是咖啡还是服装、化妆品、眼镜生产，原先工厂只管前段的生产加工，不管库存，管理方式粗放。"我们希望反着来玩，必要团队会给工厂提出目标，工厂根据目标，将线性管理逐步精进为模块化管理，实现生产步骤的灵活跳跃。"成建勇说。

高敏、钟永强、唐新明……制造业企业家其实已经看到了柔性生产是大势所趋，只需有人过来帮他们迈出第一步，他们就会不用扬鞭自奋蹄。"正好在他想睡觉时，我抱着枕头过来了。"毕胜这样形容他和制造企业之间的关系。

互联网公司爱用"赋能"一词，但毕胜特别讨厌这个词。他说："你是谁啊就要给人家赋能？居高临下的样子。你知道制造业有多复杂吗？必要和制造业的关系是互相仰视互相赋能。"

今年1月30日，中国证监会发布了《关于在上海证券交易所设立科创板并试点注册制的实施意见》，其中指出，重点支持新一代信息技术、高端装备、新材料、新能源、节能环保以及生物医药等高新技术产业和战略性新兴产业，推动互联网、大数据、云计算、人工智能和制造业深度融合，引领中高端消费，推动质量变革、效率变革、动力变革。

3月15日，国务院总理李克强在十三届全国人大二次会议记者会上提道："互联网经济、共享经济、平台经济还有很大发展空间。电商、快递对工业品下乡、农产品进城，可以进一步起到搞活流通的作用。在工业领域，推动工业互联网，可以把那些闲置的资源带动起来，而且促进技术创新。"

中国制造业产业互联网C2M电商行业研究报告

数据重构生产
中国制造升级

中国制造业产业互联网C2M
电商行业研究报告

2019年

摘要

 产业互联网背景下，电商成为助力制造业智能升级的重要一环。

消费大数据指导上游生产变革，消灭库存，降低成本，提高效率

 C2M电商模式对上游的变革程度最深，从品牌和通路两端提升制造厂商的附加值。

电商直连工厂主要分为3种模式：① 自营类F2C电商模式，例如：网易严选、淘宝心选、京东京造；② 平台类F2C电商模式，例如：拼多多拼工厂；③ C2M电商平台模式，例如：必要商城。其中C2M电商模式对工厂的变革程度最深，消费大数据指导生产，先订单后生产实现"零库存"，平台模式帮助制造商打造自主品牌，助力制造商打造柔性生产链，在制造业转型升级中取得竞争优势

 市场空间广阔，受益于消费升级人群扩大和工厂的积极"入网"。

电商直连工厂模式在消费端强调性价比，2018年实现交易规模175.2亿元，在整体性价比市场容量中的渗透率为4.1%，预计未来4年内将保持24.4%的复合增长

 改善用户体验是此类电商未来重要的布局方向。

主打性价比，未来将面临与传统性价比品牌及新兴线下品牌的竞争，弥补线上体验的不足为此类电商布局的重点。

研究说明

研究背景

在产业互联网的大背景下，除了传统的B2B电商和科技企业之外，越来越多的消费类电商启动B端赋能计划，切入上游供应链领域，利用自己积累的数据、技术提高工厂效率，反馈C端需求；与此同时，迎合消费升级趋势，通过直连工厂，为消费者提供高性价比和个性化的商品

典型参与者例如必要商城、网易严选、淘宝心选、京东京造、拼工厂等，但是模式不尽相同，对产业链的变革程度也呈现出差异化的特征

消费互联网与产业互联网的融合：提供数字化赋能助力产业互联网效率提升和新旧动能转换

产业互联网是消费互联网向生产端延伸的产物

- 产业互联网是互联网发展的递进与深化，将互联网从消费端带入生产端，目的是实现C2B2B2C的闭环、带动各产业整体转型升级、同时带动新兴产业发展
- 服务对象由C端延伸到B端企业
- 两者的融合涉及产生的机体、运作方式、文化包括价值观的融合

包含工业互联网、"智能+""互联网+"等众多概念

- 产业互联网不是单一技术的应用，而是以数据作为基础，综合运用互联网、移动互联网、物联网、大数据、云计算、人工智能等信息技术集，来促进传统产业效率提升和新兴动能的转换

来源：腾讯研究院《产业互联网 构建智慧+时代数字生态新图景》、公开资料，艾瑞咨询研究院绘制及整理

2019.5 iResearch Inc.
www.iresearch.com.cn

研究说明

相关概念解析 本报告讨论的范畴集中在消费品领域

C2M与F2C

- 【C2M】Customer to Manufactory，即"用户直连工厂"的缩写，是一种新型的工业互联网电子商务的商业模式，又被称为"短链经济"。例如：必要商城。
- 【F2C】Factory to Customer，即工厂到消费者，是一种全新的现代商业模式。在 F2C 模式下，交易双方只有生产者和消费者，辅助以电子货币完成资金支付，物流完成实物递送。分为：自营类的F2C电商，例如：网易严选、淘宝心选、京东京造；以开放平台类的F2C电商，例如：网易考拉工厂店、拼工厂。

产业互联网C2M电商

- 【产业互联网C2M电商平台】指的是采用C2M商业模式，以消费者个性化需求出发，通过消费行为数据指导上游供应链设计"按需生产"的电子商务平台。这种模式也是电子商务平台在产业互联网背景下对接制造工厂和供应链端转型的一种探索。
- 【商业价值】在这个过程中，电商平台通过直接链接上游工厂与终端消费者，利用消费大数据分析用户需求，指导上游工厂产品设计、工艺水平，并通过去除流通中过剩的冗余环节和品牌溢价环节，为消费者提供了高性价比和个性化的商品。另一方面，通过"按订单后生产"的方式，也帮助工厂降低了库存压力，实现降本增效。
- 【涉及的研究对象】中国代工厂，消费者，消费电商平台。
- 【涉及的技术概念】大数据，云计算，人工智能，传感器，物联网，AR/VR。

127

目录

消费升级：关注品质、性价比及个性化

➢ **关注品质**：居民收入水平持续提升直接刺激品质需求增加

➢ **关注性价比**：国内消费市场尤其是一二线城市进入去品牌化发展阶段

➢ **关注个性化**：80、90后年轻群体逐步成为消费主力引领个性化，且定制化小众需求增加

居民收入持续增长
直接刺激消费需求增加

高品质商品成为首要追求，对优质供应商需求旺盛

伴随着经济发展，中国居民人均可支配收入持续增长，2018年全国人均可支配收入28228 元，一线城市城镇居民人均可支配收入达到6万元。收入水平的提高，直接驱使居民消费需求的增加，在消费形式上首先表现为对商品质量的追求。

居民收入持续增长直接刺激消费需求增加，对商品"质、量"提出更高要求	电商渠道成熟，海量SKU解决商品数量问题；品质提升成为本次消费升级的主题	生产及销售满足消费者品质需求的商品成为生产端和渠道端共同探索的方向	• 制造商需要下游消费市场数据进行选品、设计、定价指导 • 流通端需要对接优质供应链提供适销对路的商品

2013—2018年中国全国居民及一线城市城镇居民人均可支配收入

- 全国居民人均可支配收入（元）
- 一线城市城镇居民人均可支配收入（元）
- 全国居民增长率（%）
- 一线城市增长率（%）

来源：国家统计局

一线、新一线城市
进入去品牌化发展阶段

人均GDP约2万美元，追求高性价比和简约风

根据欧美及日本消费市场发展经验，去品牌化趋势出现在人均GDP达到2万美元的阶段。日本无印良品、优衣库以及美国的Costco等均诞生并发展于本国人均GDP约2万美元的阶段。目前国内消费升级趋势下，一线、新一线基至二线城市经济高速发展，已接近上述水平，消费行为模式方面逐步与之接近。去品牌化趋势下，大众消费需求回归本质，炫耀性消费特征逐渐退却，高性价比与简约化风格成为主流需求趋势。

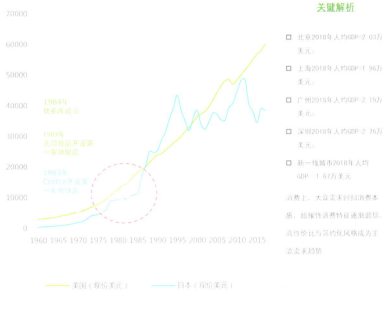

1960—2017年美、日人均GDP

关键解析

- □ 北京2018年人均GDP=2.03万美元；
- □ 上海2018年人均GDP=1.96万美元；
- □ 广州2018年人均GDP=2.19万美元；
- □ 深圳2018年人均GDP=2.76万美元；
- □ 新一线城市2018年人均GDP＝1.67万美元

消费上，大众需求回归消费本质，炫耀性消费特征逐渐退却，高性价比与简约化风格成为主流需求趋势

一线高生活成本带来
"隐形贫困"担忧

性价比经济成为刚需，要求全产业链控制成本和定价

中国的中产阶级大部分集中在一二线城市，但是各线城市的"中产阶级"存在不同的消费现状。由于一线城市的高房价、高生活成本，具有同等收入水平的中产阶层，在一线城市面临"隐形贫困"的担忧。宏观经济数据来看，国内商品房销售增幅与城镇居民人均消费支出增幅存在显著负相关关系。对应于现实情况，由于国内一线城市以及新一线城市的房价快速上涨，住房还贷压力和租房成本已成为影响其消费水平与生活品质提升的现实因素，性价比经济成为刚需。

2008年9月至2018年6月中国商品房销售额与
城镇居民人均消费支出累计增速对比

【负相关】商品房销售影响对城镇居民人均消费性支出存在"挤出效应"

关键解析

城镇居民人均消费性支出:累计同比（%）　　　商品房销售额:住宅:累计同比（%）

□ 这部分人群收入水平尚可，但面临房价等生活成本压力。

□ 消费方面，对于品质有较高的追求，但不盲目追求最贵的；在品质优先的基础上兼顾性价比，同时倡导生活美学

来源：Wind，艾瑞咨询研究院绘制

80、90后主力消费人群
引领个性化需求

要求生产端改造生产线提升小规模定制能力

根据艾瑞咨询Usertracker数据库，中国网络购物市场目前以80、90后为最主要的消费群体。由于经济发展，家庭结构等生活背景的不同，80、90后呈现出与60、70后明显不同的消费观念。80后尤其是90后基本都是独生子女，且近年来原始丰、单身率增加，更加注重个人消费，生活方式上追求的是健康、质量、个性化。

mUserTracker——2019年3月
中国网络购物APP人群年龄分布

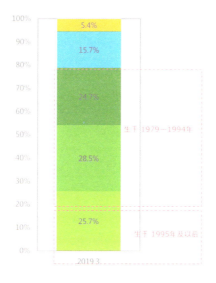

- □ 截至目前，80、90后人群的年龄段分布在20-39岁，最小的一批刚刚进入大学时代，较大的一批已经在职场工作十多年，大多数成为职场的中高级管理人员，具有相当水平的消费能力

- □ 此外，这部分人群伴随着互联网成长，具有个性化的消费观念和猎奇心理，具备审美能力，不盲目追求品牌，更加自信，较强的消费能力叠加独特的成长特征使得这一代人成为引领消费的灯塔人群，不盲目从众，个性化需求旺盛，且定制化小众需求增加

- □ 要求生产端改造生产线，提升小规模定制能力满足消费需求

■24岁及以下 ■25-30岁 ■31-35岁 ■36-40岁 ■40岁以上

工厂"入网"：产业链痛点驱动转型

➢ 困境1：低毛利

➢ 困境2：高库存

➢ 困境3：东南亚代工市场崛起

➢ 困境4：柔性供应链改造需求

中国代工厂的生存和发展现状

以代工为主，过于依赖订单，风险较高，急需转型升级

中国的代工厂与客户合作的模式中，以OEM和ODM代工为主。当今的代工经验，使得工厂具备了优质的生产工艺和设计能力。其余设定企业的生产研发能力处于处于较先水平，但是中国代工厂长期从事中小型订单较小的生产订单，相比客户工性，利润偏较低。当代工模式无法充分发挥工厂的产能。另一方面，长期依赖客户订单，使得工厂收入不稳定，主要来自生产能力。在利率型订单一收入来源风险较高，中国代工厂急需进行转型升级。

商业 模式	OEM	ODM	OBM
	原始设备制造商	原始设计制造商	原始品牌制造商
模式 释意	代加工的一种合作方式，指接受方代厂商品牌生产配套产品，按照客户的图纸和设计规格生产，并用客户品牌进行销售的合作生产方式	代加工的一种合作方式，指接受方厂商设计研发标准样本完成设计与生产后，用用合作制造，并由客户公司销售代替其他的合作生产方式	由代工厂经营自有品牌，即生产商拥有自身设计和品牌，按照自身渠道、生产、销售拥有自主权的产品
设计能力要求	无设计设计能力	具备一定的设计能力	需具备较强的设计、开发及销售能力

135

困境1：低毛利

大批优质产能长期进行低附加值生产，自主品牌打造需求强

中国工厂经过多年为国际品牌代工的经验，沉淀下来一批具有优质生产工艺和设计能力的厂商。为了提高毛利，这些走在前列的代工厂具有较强的自主品牌打造需求，也一直在不断实践，但始终无法打开渠道。尝试1：开设线下零售店 由于线下零售店的高额租金成本以及消费者对品牌的低辨识度而导致连年亏损 尝试2：淘宝京东等主流电商平台开设品牌店 由于目前主流的电商平台流量越来越集中，工厂在这个渠道开店需要付出高昂的营销费用，无法获得流量支持，且库存风险高企 无论是大工厂还是中小工厂，都面临代加工的低毛利现状，转型升级成为必然的诉求

从"微笑曲线"来看中国代工厂利润空间较小

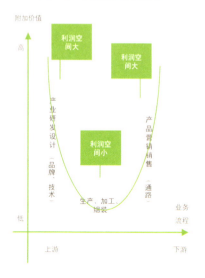

中国代工企业与自主品牌企业毛利率对比（以化妆品为例）

企业	商业模式	2014年毛利率	2013年毛利率
诺斯贝尔	ODM代工	31.94%	37.04%
上海家化	拥有自主品牌	61.89%（毛利率少约20%）	63.08%
幸美股份	拥有自主品牌	57.43%	56.27%
兰亭科技	拥有自主品牌	56.07%	45.29%

来源：百度百科，"微笑曲线理论"，由宏碁集团创办人施振荣先生提出，用来描绘企业的中长期战略，指出在产业中价值最丰厚的区域集中在价值链的两端——研发和市场

来源：诺斯贝尔公开转让说明书

困境2：高库存

产品生产周期长、面临无法满足消费者需求的滞销风险

高库存压力主要原因在于产品生产周期长，面临无法满足消费者需求的滞销风险。以服装产业为例，品牌商一般会提早半年甚至一年的时间预判未来流行趋势，并通过上期销售预测，安排下一期订单生产及采购。从订单到产品上市，通常需要半年左右的时间，但是随着消费者的年轻化和对潮流趋势的追逐，市场动态变化较大，经常出现"畅销款断货、滞销款积压"的情况，而在代工厂和品牌商客户合作的过程中，积压的库存可以部分或全部返还给工厂，由此造成厂商大量的库存压力，挤压利润空间。

举例：中国家电代工龙头新宝股份库存量占比

项目	单位	2018年
销售量	台	97617093
生产量	台	99553769
库存量	台	9945555
		平均占生产量 的10.0%

来源：新宝股份年报及官方网站等公开信息。

困境3：东南亚代工市场崛起

国内劳动力成本攀升，部分国际订单向东南亚国家转移

由于国内劳动力成本上升，部分国际订单转移至东南亚国家等更加低廉的劳动生产加工基地，导致订单和客户流失。以服饰纺织业为例，中国最主要的几大代工聚集地长三角和珠三角，例如东莞、深圳、温州等，从2005年以来，一直呈现低增长的状态，甚至2012年以来基本处于负增长态势，国内消费品代工市场急需寻找新的订单来源和新的增长点

2005—2018年中国深圳、东莞、温州对外来料加工贸易出口同比增速

注释：广州、宁波因缺乏连续性数据，所以未在上图展示
来源：深圳市统计局、东莞市统计局、温州市统计局

困境4：柔性供应链改造需求

"小单快返"订单趋势的变化要求生产线同步调整适应节奏

随着互联网环境下消费者需求"去标签"、"去季节"、"碎片化"的大趋势来临，上下游品牌及生产制造都需要向柔性的生产线和产业上下游改造。但是在众多中小品牌及企业未能做足柔性的准备时，新兴的订单需求便将拉开企业生产的差距。可用货少、变化快、周期短的生产周期已经一步步向生产企业袭来，对品牌商订单需求提速。品牌商为"小单快返"而要求上下游生产式都要柔性生产成本，快速响应及降低库存。柔性供应链的落地除应对小订单的处理能力外，在柔性组织及技术方面也有较大的提升空间。

品牌商的订单需求变化（以ZARA为例）

单笔变小

- 汉星与ZARA的合作模式：单次订单由原来的1-2万件减少为千件、百件
- 电商品牌首单100-500件/次，翻单也保持在200-600件/款

多款式

- 品牌商希望通过小订单、多款式的方式验证市场反应，市场反应好的再追加订单以降低损耗
- ZARA 2018年保持每周2次，每年1.2万款的上新速度

周期缩短

- 品牌商希望通过将订单变小，有需求了再快速追加订单以降低库存压力
- 汉星与ZARA的合作模式：交货周期由原来的1-3个月调整为10-15天

柔性化生产线：对产线不同的排列组合使成本更优

组织方式之一：U形单件流水生产方式 缩短生产线，人员动态多工序操作

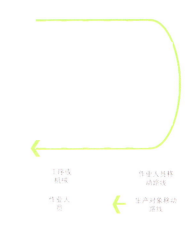

工序或机械　　　　　作业人员移动路线

作业人员　　　　　生产对象移动路线

柔性生产线改造的精髓在于：小批量，多批次，快速翻单。"U形"单件流水生产方式生产线短，操作人员少，标准化之后可以简单复制。

电商对上游制造厂商的赋能：数据驱动，模式制胜

➢ 电商对上游制造商赋能模式划分

➢ 制造业产业互联网C2M电商模式的价值分析

➢ 大数据助力上游制造商智能升级

➢ 用户画像

➢ 产业规模及预测

电商对上游制造商赋能模式划分

三种主流模式，自营品牌电商模式玩家参与最多

电商对上游制造商赋能模式划分及典型参与者图谱

C2M电商平台模式	自营品牌类F2C电商模式	平台类F2C电商模式
电商平台仅为连接工厂与消费者的平台，工厂作为品牌方入驻，"先订单后生产"的模式	电商平台作为品牌方，向工厂下订单，请工厂代工，先生产后销售，并以电商平台的品牌进行销售的模式	电商平台仅为连接工厂与消费者的平台，工厂作为品牌方入驻，先生产后销售的模式
特点一：平台模式，品牌属于工厂	特点一：自营模式，品牌属于电商	特点一：平台模式，品牌属于工厂
特点二：先订单后生产，无库存压力	特点二：先生产后销售，面临库存压力	特点二：先生产后销售，面临库存压力
必要biyao.com	网易严选　团网宝贝仓　美好而制　京东京造　DAPU大朴.com	拼多多　拼多多工厂店　网易考拉海购　网易考拉工厂店

共性一：上游直接对接工厂，去除流通加价环节，提供高性价比的商品

共性二：电商利用消费大数据，指导上游厂商选品、设计、改造工艺，提供更加满足市场需求的商品

来源：公开资料、专家访谈、草根调研、艾瑞咨询研究院自主研究及绘制

C2M电商模式的价值分析1

C2M模式对上游供应链的变革程度最深

中国代工厂商面临自主品牌打造、高库存、柔性供应链改造等压力，从制造商面临的三维痛点来看，C2M模式对上游供应链的变革程度最深

从对制造厂商痛点解决维度来看，电商参与模式矩阵分布图

C2M电商模式的价值分析2

通过"先订单后生产"实现三方共赢

产业互联网C2M电商模式的价值分析

高性价比及满足个性化需求的商品

- 通过直接对接工厂和消费者，减少流通加价环节和品牌溢价环节，提供高性价比商品
- 先订单后生产，根据消费者的需求生产个性化和定制化商品

对于消费者

对于上游厂商

对于C2M电商

新的细分市场和持续可盈利的商业模式

- C2M模式切准消费升级用户高品质和定制化需求，为其提供满意的商品，开辟出新的细分市场，在电商整体市场中逐渐占据一席之地
- C2M轻模式为电商提供了盈利和可持续的发展之路

① **"零库存"**

- 先订单后生产的模式帮助厂商实现零售环节的零成品库存

② **自主品牌打造**

- 平台模式，厂商以品牌方的身份入驻，售前售后由厂商对接，用户直接与厂商品牌发生联系，有助于工厂自主品牌打造
- 平台入驻的品牌属性相同，消费者对电商平台具有明确的认知，工厂品牌可以直接影响用户心智

③ **消费大数据对生产的指导**

- 入驻厂商通过电商平台直接连接消费者，通过消费大数据可以直接了解用户的体型体态等信息以及消费偏好，指导工厂选品、设计、改造工艺水平、预测销量等
- 先订单后生产模式+大数据反馈，可以帮助工厂实时观测市场反应、动态调整生产计划，也有助于库存压力的减缓

143

C2M电商模式的运营标配

商业模式决定了C2M需重视价值链的每一环节

在每一环节制定专属标准：招商标准、生产线标准、先进产能标准、商品管理标准、服务标准、且应成为C2M电商标配

制造业产业互联网C2M电商模式的运营标配

来源：腾讯研究院《产业互联网 构建智能+时代数字生态新图景》，艾瑞咨询研究院自主研究及绘制。

电商对上游制造商赋能模式分析

共性：大数据助力上游供应链智能升级

电商平台对上游供应链升级变革最大的价值在于消费大数据的指导，将生产和终端消费直接链接，生产端按照实际消费情况规划设计、产量、产能分布，实现资源的最优配置；同时通过消费数据建模，为小规模私人定制的实现提供基础支持

电商平台为厂商提供消费大数据赋能，助力厂商实现智能制造

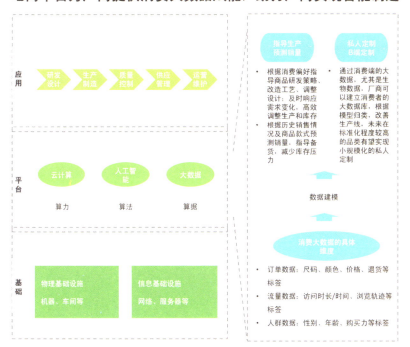

来源：公开资料、艾瑞咨询研究院自主研究及绘制

消费者画像

一线、新一线城市消费升级人群，即城市中产、新中产：

（1）一线、新一线小康+中高收入群体，这部分人群时间成本较高，电商应精细化SKU，帮助用户减少决策成本。
（2）女性为主的消费群体，美妆护肤和服饰类商品不可忽视。
（3）以小户型家庭用户为主，生活类家居商品应是每个电商的标配，商品向小型化、便携式方向设计，同时兼顾美学。

人群画像

城市层级：一线城市为主
- 以一线城市为主，新一线城市逐步渗透。目前主要覆盖北京、上海、广州、深圳、成都、杭州、南京等城市

性别：女性为主
- 整体以女性用户为主
- 部分电商受平台属性影响以男性用户为主，但女性用户成为重要的拓展方向

年龄：20—39岁为主
- 整体以20—39岁的80、90后年轻群体为主
- 去品牌化、追求个性化和潮流，崇尚简约风

收入水平：小康+中高收入 $
- 以小康和中高收入为主
- 艾瑞将个人收入分为低、小康、中高、高四等

婚姻子女：已婚无子女
- 以已婚无子女的小户家庭为主
- 产品设计上可以倾向于小型、个人化

来源：公开资料，专家访谈，艾瑞咨询研究院自主研究及绘制

市场容量：万亿规模

增量市场：随着中产人群扩大，整体市场容量也将不断扩大

中产阶级崛起带来的潜在"去品牌化"消费规模
= 中产阶级人群数量 × 平均每人每年在品质消费上的支出金额
= ［（全国总人口数 × 中产阶级的比例）］×［（人均笔单价 × 年购买次数）］

		2018	2022E
	全国人口数量（亿人）	13.95亿	14.15亿
STEP 1	中产阶级占比（%）	29%	34%
	中产阶级人群数量（亿人）	4.0亿	4.8亿
	人均笔单价（元）	175.0元	210.0元
STEP 2	每人年均购买次数（次）	6次	10次
	平均每人每年的消费金额（元）	1050.0元	2100元
STEP 3	产业规模（亿元）	4248.9亿元	10080.0亿元

目前市场交易规模：175.2亿元

2018年市场渗透率仅为整体容量的4.1%，仍有较大增长空间

艾瑞统计市场上进行工厂扶持计划的电商平台，根据各家数据量级，核算出2018年市场的交易规模约为175.2亿元，在整体市场中的渗透率仅为4.1%，未来仍有较大的增长空间

艾瑞分析认为，由于主打性价比，短期内客单价不会有较大的变动，未来的增长主要来自于用户规模的增长，包括新用户的增加，老用户留存以及复购率的提升

各家规模的推算逻辑

企业交易规模 艾瑞认为未来增长的主要驱动力

＝

付费用户规模 新用户增加 老用户留存和促活

×

平均笔单价

×

平均每年复购次数 新老用户促活

历史用户规模增速

2018—2022年中国品质类电商市场交易规模

420.0

CAGR=24.4%

175.2

2018   2022E

■ 去品牌类电商市场交易规模（亿元）

2017—2018年中国工厂扶持类电商APP独立设备数分布

高增长趋势

2017.6 2017.12 2018.6 2018.12

A电商（万台）
B电商（万台）
C电商（万台）

典型案例

- ➤ 案例
  综述

- ➤ 必要
  商城　产业互联网C2M电商模式

- ➤ 网易
  严选　自营生活类家居品牌

- ➤ 拼工
  厂　开放平台类F2C电商模式

典型案例模式

优质的工厂资源是此类电商重要的战略资产

2019年中国电商对工厂扶持典型案例

主要玩家	必要商城	网易严选	淘宝心选	京东京造	拼工厂
上线时间	2014年	2016年4月	2017年7月	2018年1月	2018年7—8月
定位	产业与联网C2M电商平台	自营生活家居品牌	自营生活方式品牌	自营生活家居品牌	
slogan	"大牌品质、工厂价格"	"好的生活、没那么贵"	"美好而有用"	"好生活、京心造"	
商业模式	平台	自营	自营	自营	平台
工厂的角色	作为品牌方入驻打造自主品牌	委托制造商	委托制造商	委托制造商	作为商家入驻打造厂商品牌
工厂的选择标准	国际一线品牌的代工厂	国内外优质原材料产地、生产商	国内优质原材料产地、生产商	国内优质原材料产地、生产商	国内外知名品牌代工厂
订单、销售模式	先订单、后生产	批量生产再销售	批量生产再销售	批量生产再销售	批量生产再销售
库存情况	基本零库存	有库存严选承担库存	有库存工厂承担库存	有库存工厂承担库存	有库存平台帮助清理库存
2019年的发展方向	引入更多优质工厂	自主品牌打造	对接设计师孵化设计师原创品牌	自主品牌打造	引入更多厂商孵化拼品牌

来源：公开资料、专家访谈、发改委访谈及艾瑞研究院绘制

2019.9 iResearch Inc.
www.iresearch.com.cn

必要商城

产业互联网C2M电商平台，订单驱动生产实现"零库存"

必要商城定位为产业互联网C2M电商平台，用"大牌品质、工厂价格"的商业模式对接中国优质制造商和消费升级人群，并且通过订货式生产模式实现"零库存"。

必要商城的模式下，工厂以自主品牌方的身份入驻。用户在平台下单后，订单将直接反馈给工厂，工厂收到订单后进行生产和发货配送。这种模式无渠道库存、物流、总销、分销等中间环节，电商平台利用大数据描绘客户画像并对消费特征进行分析，帮助厂商选品、改造工艺等。根据用户个性化需求进行生产，降低库存压力，同时通过电商平台规模化订单平摊成本，实现利润最大化，是产业互联网和消费互联网融合的典型案例。

2019年必要商城C2M平台模式示意图

为工厂提供自主品牌打造渠道　　　　　**必要商城**　　　　　为消费者提供定制化的
及"零库存"生产模式　　　**实现产业互联网和消费互联网的融合**　　　选择和优质优价的商品

必要商城

制度设计推进极致性价比

【品质】必要商城在品控方面具有完整的制度设计：

1. 生产端高入驻标准控制产品生产质量。招商方面一共设计57条标准，要求入驻工厂必须服务过国际一线品牌、必须具有独立产品开发设计能力，目前已在符合标准的厂商中，达成合作逾200家

2. 消费端通过实际评价过度考评商品。必要商城根据用户评价计算考评表，排除物流和平台考评等非质评问题之后，考评率超过0.75%，平台将对商品或入驻商启动下架程序

3. 盈利来源不涉及流量广告，保障供应商的竞争力为过程的产品质量竞争。必要商城的盈利来源仅为商品销售的佣金，不涉及流量、广告层面的收入，所有入驻商根据商品的评价竞争，商品价又有赖于商品的真实品质

【价格】必要商城的商品采用成本定价法，商品价格=BOM价格（原料、人工、工艺）+物流费+工厂毛利+平台佣金，且平台佣金全力商品售价的2%~15%，如此去除了品牌的高溢价和流通环节的多层加价，为消费者提供了更优惠的价格

2019年必要商城商品零售价格与传统模式下零售价格的对比
（以服装为例）

必要商城

优质稳定的供应链资源及高质流量构筑起必要的护城河

必要商城成立于2014年底，是同类电商中最早上线的平台，依靠先发优势和多年的运营，必要覆盖了约1/3的目标年优质工厂和一批忠实高复购的用户，并且通过独家协议或股权关系等方式，不断加强与工厂的联系，形成了自己的护城河

必要商城的核心竞争优势

网易严选

自营生活家居品牌，品牌打造成为重要的战略目标

网易严选作为网易旗下自营生活类家居品牌，于2016年4月正式上线，围绕一二线中产、新中产人群，为其提供高性价比的商品

网易严选已在上游供应链深耕三年，并在此过程中不断强化自身的品牌属性，经过几年的积累，已建立起自己的设计团队，具备商品开发和质量管控经验，根据消费需求自主设计委托生产，并将品牌打造的经验通过扶贫项目对外输出。

目前，网易严选已经不再局限于线上电商，而是通过一系列线上线下布局和异业合作，打造出一个丰富的业务矩阵

网易严选的业务矩阵

品牌打造线上线下双线发展，同界异业全域合作

线上电商主打家居销售

线下直营店主打零售体验

- 【弥补线上体验不足】在新中产群体聚集的一二线城市商场内逐步落地，弥补线上体验的不足
- 【提供新的展示窗口】为优质的严选产品创造新的展示窗口
- 【直接触达用户】帮助顾客更简单、更高效地了解严选

线下异业合作主打品牌展示

- 【以纯销售力导向】借助诸如武商、京东曲美等渠道，把产品快速扩张至全国各地
- 【以提升品牌影响力为导向】先后与万科、亚朵、有家民宿、MINI汽车等品牌平台展开合作，实现品牌的相互背书，共同扩大市场关注度

品牌经验输出扶贫计划开发民族手工艺，打造国民品牌

网易严选已在上游供应链深耕三年且获得行业认可，现阶段通过总结自身品牌塑造经验，具备商品开发及质量管控能力，助力贫困地区产业更加高效地达到精准脱贫。

品牌形象打造　　地区产业发展规划

商品共同开发　　供应链反向优化

【成果】4月21日，杭黔东西部扶贫协作电商消费扶贫项目暨网易严选雷山体验馆开馆。

拼工厂

开放平台类F2C模式，拼多多集团品质升级战略的重要布局

拼多多1000家工厂项目启动于2018年7—8月，是拼多多集团品质升级战略和向一二线市场延伸的重要战略布局，也是2019年拼多多的重要目标之一

商业模式上来看，拼多多开放平台，邀请工厂以自主品牌厂商的身份入驻，平台负责引流，工厂负责生产、销售、发货配送以及售前售后

拼多多集团给拼工厂计划提供了较深的扶持，主要表现为以下方面： 1、流量层面，直通车等活动免费向工厂提供； 2、数据层面，向工厂提供平台大数据报告，指导生产、预测销售等； 3、库存层面，拼多多承诺帮助工厂处理库存，给予一定的活动场景资源，例如限时特卖； 4、盈利层面，目前拼多多对于工厂厂商完全免费扶持，不收取任何佣金费用

拼多多对工厂计划的扶持

流量免费开放
拼多多平台的直通车等所有活动免费向工厂提供，不收取费用

大数据指导
向工厂提供平台大数据报告，指导生产、预测销售等

帮助清理库存
拼多多承诺帮助工厂处理库存，给予一定的活动场景资源，例如限时特卖

无佣金抽点
目前拼多多对于工厂厂商完全免费扶持，不收取任何佣金费用

趋势总结

➢ 受制于成本和审美压力，短期内
定制化仍将由制造厂商主导

➢ 产业互联网C2M电商将助力中国制
造业转型升级进入新阶段

洗牌期，具有柔性生产能力和自
主品牌的厂商将获竞争优势

C2M电商驱动中国制造业柔性改
造，将带来订单回流潮

➢ 性价比经济成趋势，电商平台未
来将面临与传统品牌的竞争

未来展望1

受制于成本和审美压力，短期内定制化仍将由制造厂商主导

目前有数量庞大且是C2M电商，在个人定制方面有较多的探索。在将这些作为开场了标志中建立起C2M经济的者，但受制于高成本和消费者个人审美差异等的压力。目前的定制化产品以原友提供定制为主，以对大众去典型的一类字由个人提供定制厂的特点供了相当长的时期探索。在这个过程中，一方面C2M电商及其品牌通过一步改良的了产品、整城过和成本第一方面，由参和厂商表主动培育潜者审美的方式开扩。以实际用大定制的大众真实很定者新。因旷方便进项目看待指看的周期呈现期，中期、中长期定制化的演生妥虑。

必要商城APP服装定制页面截图

未来展望2-1

洗牌期，具有柔性生产能力和自主品牌的厂商将获竞争优势

中国消费品制造工厂数量众多，且参差不齐，随着需求端要求的提升，成本不再是客户选择合作的唯一指标，技术升级是当前制造业的重要趋势。未来中国制造厂商将迎来一轮洗牌期，具有柔性生产能力和自主品牌能力的厂商将获得竞争优势。在这个过程中，电商平台尤其是C2M电商，将成为重要助力。

中国不同类型制造厂商的需求及升级路线

对于大型制造厂商而言，提升自身研发能力、打造自主品牌是发展到现阶段的必然主题——

1. 柔性生产链打造也是大型厂商构筑竞争壁垒，吸引流失客户重新回归以及增强现有客户黏性的重要举措。
2. 打造自主品牌，提升毛利率，也是大型制造厂商发展到后期的必由之路。
3. 数据开放、平台模式，C2M电商将成为实现上述目标的重要助力。

对于中小厂商而言，短期内是订单量的需求，长期技术能力打造是其在竞争中存活的必由之路——

1. 对于中小厂商而言，短期内更多是订单量的需求，现阶段与电商的合作更多以订单量为主要的参考依据。
2. 随着外部需求环境的变化，淘宝等电商的网红品牌订单也逐步向小规模化发展，生产线的改造升级、效率提升也是这些厂商面临的重要问题。
3. 中国劳动力成本不断提升，与越南等东南亚国家相比优势不再。中国的制造业将从劳动密集型向技术密集型转变，这一波浪潮中中小企业将面临一轮洗牌。

来源：艾瑞咨询研究院自主研究及绘制

未来展望2-2

C2M电商驱动中国制造业柔性改造，将带来订单回流潮

虽然目前品牌商由于东南亚国家低廉的劳动力成本将订单转移到东南亚市场，但中国在供应链和基础设施上的优势是东南亚工厂无法比拟的，艾瑞预计未来将会出现订单回流，原因如下：1、东南亚市场的人力和租金成本逐渐飞涨，尤其是越南胡志明市等地，劳动力和租金成本已与中国无异，成本优势正在逐渐丧失；2、中国地大物博，资源丰富，产业链完备且拥有完善的仓储配送体系，原材料齐全并能基于快速的供应链基础及时和随时送达，效率较高；3、C2M电商平台要求工厂进行柔性的生产线改造，以适应"小单快返"需求，这一点也是许多品牌商目前看重的重要能力，成为中国厂商与东南亚地区差异化竞争的核心竞争力。

综上，艾瑞分析认为未来世界制造业的中心仍然在中国，而C2M电商将成为这一变革的重要推动力。

2015—2022年越南制造业工人工资及增长率

制造业订单从东南亚市场回流的原因

- 东南亚市场的人力和租金成本逐渐飞涨，成本优势渐弱；越胡志明市约70千米的工业园，长期租集工业用地价格由2018年的60—70美元/平方米上升到90美元/平方米，增速高达38.5%

- 中国产业链完备、供应链基础完善，各种加工生产的原材料齐全，基于快速的物流网络可以及时和随时送达，效率较高且物流成本较低

- C2M电商助力制造厂商进行柔性供应链改造和智能升级，形成"小单快返"核心竞争力；平台要求工厂进行柔性的生产线改造，以适应"小单快返"需求，这一点也是许多品牌商目前看重的重要能力，从实际市场表现来看，C2M与工厂进行的柔性生产线改造切切实实在助力品牌商订单回流

未来展望3

性价比经济成趋势，电商平台未来将面临与传统品牌的竞争

目前在中国消费市场，去品牌化的性价比经济已经成为重要的组成部分。随着此类电商的发展和消费者认可度的提升，电商平台将面临与传统主打性价比经济的品牌的竞争，例如优衣库、ZARA、无印良品、宜家。

一方面，电商平台集中于线上，线下实体店布局相对较少，去除渠道成本，在价格上具有较大的优势。

另一方面，也正是由于线下环节的相对缺失，在用户体验和线下引流方面，电商平台略有不足。未来通过线下场景布局，或者利用AR、VR等新兴技术改善用户体验是此类电商需要重点布局的方向。

电商平台将面临传统及新兴性价比品牌的竞争（部分）

注释：排名不分先后
来源：艾瑞咨询研究院自主研究及绘制

2019.5 iResearch Inc
www.iresearch.com.cn

附 录

必要商城产品
运营文档开源

在本书的初稿里，我把产品运营的开源文档放了进去，但图形和图表太多、太过复杂，排版设计和阅读的体验感不够好。于是，我决定在修改稿里不把它们放在本书里，而把它们放在我的公众号里。各位同行和读者诸君，只要关注我的微信公众号，回复数字"1"—"6"里的任意一个，就可以获取这些开源的文档。

作者微信公众号

1. "有数"章节里流量追踪的代码的开源

2. "有钱"章节里"一起拼"、特权金叠加的 MRD 的开源

3. "有货"章节里咖啡 MRD 的开源

4. "有货"章节里"礼物" MRD 的开源

5. "有情"章节里定制 MRD 的开源

6. "有趣"章节里眼镜试戴 MRD 的开源

7. "有趣"章节里根源于 AR 技术的 MRD 的开源

责任编辑: 潘洁清
责任校对: 高余朵
责任印制: 汪立峰

图书在版编目（CIP）数据

流量是蓝海：流量实战日记与内部产品运营文档开
源 / 毕胜著. —杭州：浙江摄影出版社, 2019.9(2019.11重印)
ISBN 978-7-5514-2631-2

Ⅰ.①流… Ⅱ.①毕… Ⅲ.①电子商务
Ⅳ.①F713.36

中国版本图书馆 CIP 数据核字(2019)第 192609 号

LIULIANG SHI LANHAI——LIULIANG SHIZHAN RIJI YU NEIBU CHANPIN YUNYING WENDANG KAIYUAN

流量是蓝海——流量实战日记与内部产品运营文档开源

毕胜　著

全国百佳图书出版单位
浙江摄影出版社出版发行
　　　地址：杭州市体育场路347号
　　　邮编：310006
　　　网址：www.photo.zjcb.com
制版：浙江新华图文制作有限公司
印刷：文畅阁印刷有限公司
开本：710mm×1000mm　　1/16
印张：11.5
2019年9月第1版　2019年11月第2次印刷
ISBN 978-7-5514-2631-2
定价：65.00元